Michel Lepoivre

Récits de l'orpailleur

Poèmes, Contes
et autres textes
vagabonds

Éditions Anthroposophiques Romandes
16, Rue de Neuchâtel, 1400 Yverdon-les-Bains Suisse
2022

Du même auteur :

Contes et psychothérapie

Du conte traditionnel à l'histoire thérapeutique

Ed. L'Harmattan, Paris

Contes à la volée

Une psychologie en images, une incitation à la créativité et des outils pour la pédagogie et la thérapie

EAR – Yverdon-les-Bains

Remerciements :

À Catherine Poncey pour la relecture et son attention bienveillante.

À Mariella Fulgosi, peintre et art-thérapeute, pour l'illustration de couverture

Note :

Le livre forme un ensemble, mais chaque partie peut être lue indépendamment à discrétion. De même pour les poèmes, les contes et les textes présentés. Le genre masculin est utilisé par commodité, la qualité féminine y étant incluse et bienvenue.

© Copyright 2022 : Tous droits réservés pour l'édition française aux Éditions Anthroposophiques Romandes, 16, Rue de Neuchâtel, 1400 Yverdon-les-Bains/Suisse

Imprimerie : Novoprint, Barcelone, Espagne

ISBN : 978-2-88189- 292-9

Michel Lepoivre

Récits de l'orpailleur

Poèmes, Contes
et autres textes vagabonds

Table des matières

Prélude 6
I. POÉSIES 8
1. L'orpailleur 8
2. Clair-obscur 19
3. T'en souviens-tu ? 30
4. Au rythme des saisons 36
5. Saisons de l'âme 39
6. Miniatures 43
7. Jardin musical 59
8. Roseraie 72
9. Papillons 82
10. Les mots comédiens 90

II. CONTES 97
1. Trois contes de la cabane-enfance 97
2. Trois contes du temps rêvé, roulé et déroulé 107
3. Quatre contes du temps chaviré, malmené, détroussé 117
4. Un conte de la guérison 137

III. TEXTES VAGABONDS 151
1. Les âges de la vie 151
2. Pour une écologie poétique 158
3. Promenade philosophique impertinente 170
4. Et si la fin était commencement ? 228
Index 235

Prélude

La poésie n'est rien, mais que serait le monde sans la poésie ? (d'après Federico Garcia Lorca)

Les mots sont prisonniers de l'encre noire, ils ont besoin de nous, de vous, pour partir à l'aventure, explorer l'inconnu, enfourcher les images.

La poésie rayonne une lumière à la fois transparente et secrète. C'est une lumière d'ombre, errant entre chien et loup, mémoire et imagination, philosophie et fantaisie.

N'est-ce pas dans l'eau boueuse, et non dans l'eau limpide, que l'orpailleur doit tremper patiemment son tamis en quête de sable d'or ?

*****

Ce livre se compose de trois parties principales qui peuvent être lues séparément à discrétion : des poèmes (eux-mêmes regroupés par thèmes), des contes et autres « textes vagabonds ». Il peut aussi arriver qu'un texte veuille impromptu sauter d'une partie à l'autre.

Écriture

Page blanche. Silence de neige. La parole est aux voix muettes, aux subtiles présences.

L'écriture est une trace de lumière noire. Une étoile filante abandonne sa traîne aux reflets de l'étang comme sur le bord de la page.

Un rien dans le grand-tout. Un tout dans un petit-rien. Qui nous fait signe, s'efface et pourtant perdure.

Voici un bouquet de mots fleuris, avec nécessairement quelques épines. Il y a aussi des graines qui attendent patiemment leur jardin d'amitié, leur sillon d'avenir.

Le bureau est aussi une île. L'écriture une bouteille à la mer… fraternellement lancée aux amis inconnus, qu'ils soient de simples curieux, des empêcheurs de penser en rond ou parfois certains naufragés de l'âme.

L'écriture est magie, et à ce titre elle peut blesser, elle peut soigner

Mais qui écrit au juste ? Y aurait-t-il un souffleur ?

I. POÉSIES

1. L'orpailleur

Je contemplais mon ombre grise et me mis à creuser.
Creuser et creuser plus profond encore.
Avec mes griffes, avec ma rage, avec mes dents.
Et tout au fond du fond
Pépite d'or palpitant dans la boue
Gisait le cœur
Tel un oiseau blessé.

C'était un oiseau d'or
Il déploya les ailes
Patient et impatient
De prendre son envol
Derrière les apparences
Soluble en la lumière.

L'onde coule infiniment

Un corbeau en plumage de nuit
S'envole à la courbure du soir
Laissant pour trace cet écrit

Cette parole mystérieuse,
On ne saurait la percevoir
Que par cette aube ténébreuse.

L'entends-tu, amie lointaine,
Chanter pour apaiser la peur
Et faire semblant d'être sereine ?

Tandis que brûle en la mémoire
Un voile sombre dont la teneur
Éclate en le rouge et le noir.

Elle nous semblait finie la guerre
Le fleuve en charriait l'histoire
Les flaques de sang et la misère.

Vois, l'onde coule infiniment
Et son flux ne saurait tarir
Même si se répète à présent

La sombre histoire du malheur.
Du loin passé vers l'avenir
Le fleuve emporte tous les pleurs

C'est une sorte de baptême
Par l'eau des larmes par la douleur
Par la terreur et la mort même

Tandis que danse en équilibre
Un pont de toutes les couleurs
Entre Volga, Jourdain et Tibre.

Le fleuve s'écoule à l'infini
Ses eaux vives sont le support
Fluide et rythmé de toute vie.

C'est aussi le passeur des morts
Mais dans la vase qui fait son lit
Frémissent des pépites d'or.

Soleil

Soleil dans le ciel et dans l'herbe qui pousse
Dans les reflets du lac, la danse des poissons
Épanoui dans la fleur, le regard d'un enfant
Et même tapi dans l'ombre, telle une pépite d'or
Gisant au fond du cœur humain.

Feuille morte

Feuille morte
Parchemin de lumière
Gardant la mémoire
Des splendeurs de l'été

Feuille qu'on dit morte
Faute de pressentir
Sous le linceul de givre
Un printemps inversé

Tu gis dessus la terre
Tu embrases la mort
Et renais de la cendre
En pure paillette d'or.

Contraste

La nuit se fait plus froide encore
Le sol plus dur et plus craquant
Quand vient l'oiseleur de l'aurore
Délier la clarté par le chant

Le jour ne cherche pas victoire
Il vénère le mystère de la nuit
La rosée douce donne à boire
Aux rêves avant qu'ils ne s'enfuient

À chaque être sa juste place
Le puceron pousse la rose
Et l'araignée tisse avec grâce
Un piège où la mouche se pose.

Quant à l'amour faut-il vous dire
Le doux baiser ou la morsure
Et la caresse qui sans médire
Laisse pour trace une blessure.

Solitude

Aujourd'hui l'humeur est sombre, je ne peux faire semblant

Il me faut bien admettre le givre opaque sur la vitre, la poussière agaçante recouvrant le piano, cette baudruche de glue dans la tête, ce souvenir de plomb qui pèse sur le cœur.

Il est des heures au plumage noir. Tel est le rossignol, oiseau nocturne et solitaire, dont le chant cristallin délie les roses de l'aurore.

Vœu insensé

Vous allez me trouver prétentieux, ridicule et même insensé, en faisant le vœu simple et infini de devenir « un saint » ! Non pas pour être remarqué, ni adulé, ni pour avoir place de choix dans une quelconque église ou un supposé paradis.

C'est une façon de laisser fleurir l'âme, simple et pure comme une pâquerette entre les pavés. Offerte à toute lumière et prête à accueillir la trace du soulier.

Un désir de comprendre, de consoler, de pardonner, d'encourager, de rayonner la vraie joie. Et aussi de jouer, de rire, de raconter de belles histoires, sans rien demander d'autre qu'un sourire partagé.

Je vous entends rire au loin, je perçois vos sarcasmes ! En effet, malgré certains efforts ponctuels peu efficaces, je n'arrive nullement, vous l'avez deviné, à être « un saint ».

Cela n'empêche pas, amis de tout bord, de souffler sur les cendres pour relancer la flamme

Dans le foyer du cœur.

Dans le train

Je t'ai regardée dans le train et toi aussi un bref instant.

Je n'ai pas osé t'adresser la parole, mais le silence aux profondeurs faisait les présentations.

Nous n'avions pas besoin de nous connaître davantage. Par évidence mystérieuse, nous nous connaissions déjà fort bien. Nous échangions dans la pénombre des anneaux de lumière.

Tu es descendue au prochain arrêt, avec la grâce d'un écureuil et un sourire enveloppé de brume. J'aurais tant aimé pouvoir te retenir, ou bien partir avec toi, te suivre... Il me reste l'anneau.

Je suis dans le train, ne sachant toujours pas où il me faut descendre.

Après un long parcours je me demande encore si pour moi, et peut-être aussi pour toi, l'intime avait pour nom l'aventure, le repos l'impossible et le foyer une gare inconnue.

Dans le train cette rencontre était-ce un rêve, une chimère ? Roule, s'enroule et se déroule l'épopée,

Au rythme des rails et des saisons de la vie, ponctuant d'instants fugitifs et précieux, l'éternel voyage.

Rencontre

Je te connais si bien, trop bien peut-être, car je perçois en toi ce que tu ne perçois pas toi-même, dans le bien comme dans le moins bien.

Dans l'auberge des habitudes précieuses ou le hangar sinistre de la routine délétère, dans la tendresse ou la chamaille, le doux baiser ou la morsure... Je me suis égaré et il en est sans doute pour toi de même.

Cet orage prêt à crever entre nos yeux, nos bouches, nos corps, n'est-il pas ce qui fait le ciel plus libre et plus clair entre les âmes une fois la tempête apaisée ?

Mais nous n'avons pas su comprendre et une ombre invisible s'est glissée dans notre maison. Petit à petit elle a pris toute la place, tel un passager clandestin.

Je chéris encore la part de mystère qui m'a donné envie de te connaître. Et ne sachant comment m'y prendre, m'a appris à respecter l'inconnaissable.

C'est maintenant que tu es partie que je ressens non pas tant ton absence, car ma solitude n'a rien de solitaire, que le regret brûlant de n'avoir pas été suffisamment présent à ton côté quand nous étions ensemble.

Et je ne sais comment te dire combien tu m'es devenue proche, depuis que tu es lointaine.

Entre-deux

Entre mousse et rocaille, herbe et rosée, corolle et abeille, nuage et ciel infini.

Entre chien et loup, en cette aube inversée où les étoiles vont boire. Entre les barreaux de la prison, là où des pages de ciel écrivent à jamais libres.

Entre les heures de lassitude, entre ces petits-riens cachés dans les recoins, chargés de poussière d'or.

Entre le doux repos, l'élan vers l'aventure. Entre désir et crainte, étreinte et solitude, entre flamme et bois mort, étincelles et bac de cendres.

Entre les notes du piano. Entre le tableau fini et le regard qui l'accomplit. Entre la semelle du soulier et le gravier du chemin, entre le grincement du plancher et le fantôme du grenier.

Entre la main de l'enfant et l'aile du cerf-volant, cette histoire merveilleuse racontée par le vent. Entre les pages du livre, là où les mots s'envolent comme des papillons.

Dis-moi, c'est entre nous, si tu veux bien, dis-moi de quelle rencontre gardes-tu la douce déchirure au fond du grenier de l'âme ?

Entre la douce habitude tressant le quotidien et l'appel exigeant du destin aurais-tu sans le savoir, rencontré un Ange ?

Au seuil de l'invisible ?

Troubadour

À quoi bon vouloir entre-nous converser
Si au nid du silence ne sachons nous lover.
À quoi bon le mot précieux, la jolie phrase
Si le cœur en écho ne pulse avec l'image.
À quoi bon donc écrire. Faudrait-il mieux se taire
Laisser pourrir le fruit, s'éteindre la lumière ?

Fait fi de tout cela m'a dit le troubadour
Laisse doute et critique, chante le nouveau jour
Pour la fée du ruisseau, l'elfe du coin du bois
L'enfant qu'on a été, le vieillard qu'on sera
Laisse ta fantaisie épanouir sa corolle
Qu'il fait bon, mon ami, quand fleurit la parole.

À chacun sa façon

Bien difficile d'être vrai, authentique, quand tout ou presque est trafiqué. Bien ardu d'être lucide donc critique voire alarmiste, quand la plupart veut dormir sur ses deux oreilles.

Ah ! mais comment le dire et qui donc pour entendre dans le vacarme électronique, les slogans et l'indifférence généralisée ? Le cœur appelle, s'enrage et rugit comme un lion.

Il doit pour un temps se mettre en retrait dans le nid d'un poème, et décrire au calme, en l'habillant de musique, d'un brin d'humour et d'un bouquet de tendresse, la tragédie du monde.

C'est sa façon de lutter, et sa façon d'aimer.

La corde

Le sentier sinueux
S'avance incertain
Bute sur une porte cloutée, à l'entrée d'une chambre noire.
La porte s'ouvre, le plancher cède. Il faut sauter
Nul ne peut plus donner le change.

Il faut bien sur le seuil
Reprendre tous les bouts de vie
Plus ou moins justes, plus ou moins accomplis
Pour tresser une corde
Et y accrocher le cœur.

Une pensée

    Après avoir bien observé
    Tous les sens et le cœur
    Grand-ouverts au soleil
    Modeler une pensée
    Avec précision, souplesse et rondeur
    Comme à son tour fait le potier.
    Une pensée pour tenir, contenir, s'engager
    Et dans le même temps l'abandonner
    La laisser courtiser les étoiles.

2. Clair-obscur

> *Ce n'est pas en ajoutant des projecteurs que vous verrez plus clair, mais en creusant l'ombre (d'après Carl Jung).*

Lumière d'ombre

Lumière obscure
Errant dessus le quai
Partant à l'aventure
D'un voyage secret

Lumière noire
Tison sous la paupière
Allumant au regard
Un flambeau de mystère

Lumière blessée
Ravivant cet amour
Qu'on avait enterré
Sous la cendre des jours

Lumière d'ombre
Au repli des années
Gardienne de la tombe
De ceux qu'on a aimés

Bien d'autres sont plus claires
Mais dont l'éclat peut-être
Pénétrant la chaumière
Briserait la fenêtre.

Traces

Le crayon arpentait la page
Où se baignait l'océan.
Écrivit quelques mots sur la plage
Trace noire sur sable blanc.

Rencontra sur le bord une épave.
Le navire on ne sait comment
Reçut un choc en pleine étrave
Sombra mystérieusement.

Mais son mât reprenant courage
Se redressait bien fièrement
Et son pavillon de nuage
Se balançait au gré du vent.

Les souvenirs vinrent au passage
S'entremêler dans le gréement
Et poursuivre le voyage
Vers l'horizon infiniment.

Munis d'un carnet pour bagage
Moitié adulte, moitié enfant
Ils s'élancent à travers les âges
Vieillissent en rajeunissant.

Traces de pas gravant la page
De mille et un questionnements
Tandis que rêve sur la plage
L'épave au noir éblouissant.

Dilemme

Les choses ne sont point choses
Elles nous regardent par nos yeux
C'est le secret dont elles disposent
À la fois clair et mystérieux

Quant au poème il tresse l'ombre
Avec des fils d'argent et d'or
Des brins de soie et de fil sombre
Et de silence pour éclore

Il n'a point prétention de dire
Une quelconque vérité
Il nous entraîne par un sourire
Tout en venant nous questionner.

Tout est énigme, tout est prélude
La vie toujours inachevée
Perce la toile des habitudes
Et lance un regard étonné.

Le poème a pour sûr de grands maîtres
Verlaine, Hugo ou Baudelaire
Mais s'il se penche à la fenêtre
Son cheval est un courant d'air,

Ou bien la flamme d'un papillon
Qui dans son vol multicolore
Cache un muet carillon
Dansant la vie, chantant la mort.

Qu'il est étrange le poème
Plus il s'efforce de comprendre
Plus se renforce le dilemme
Sage ou bien fol à s'y méprendre.

Le potier de l'air

Parole, tes mains de potier de l'air
Modèlent des coupes de cristal
Tu y recueilles l'eau de lumière
Et sa sœur d'ombre musicale

Par un hasard notre poème
S'y désaltère tout en dansant
Éparpillant comme des graines
Les perles d'eau pour les enfants

Et perchés sur un tel arc-en ciel
Tressé de lumière et d'onde
Les mots se gorgent de soleil
Et puis s'envolent autour du monde.

Ciel intérieur

L'avez-vous vu le bleu du ciel
Avez-vous grand-ouvert les yeux
L'avez-vous vu le ciel du ciel
En transparence au fond du bleu ?

Faites un écrin de vos paupières
Pour vos rêves, vos souvenirs
Pour vos larmes, vos prières
La nostalgie et le désir.

Ne marchez pas courbés par terre
Le dos voûté, les yeux en bas
Osez sortir de vos ornières
Accrochez des ailes à vos pas.

Le ciel est gardien de l'histoire
Sous le brillant de l'éphémère
En profondeur il donne à voir
Le sens, le rythme et le mystère.

Laissez-vous donc par son voile
Vous enlacer quand vient le soir
Et que s'allument les étoiles
Sur le pourpoint de la mémoire.

Et dans l'espace bordé de rêve
Grimpez à l'arbre imaginaire
Chargé d'énigme et dont la sève
Puise au ciel noir or et lumière.

Le Secret

Troubadour creuse un puits dans le jardin de
                                                                l'âme
Entend le clapotis où crépite une flamme
Sise entre chien et loup dans le cœur du mystère
Où l'amour se blottit entre l'onde et la pierre.

La fée belle est surprise y baignant son étoile
Aussitôt se redresse et s'entoure d'un voile
En laissant s'échapper un noble et pur désir
Tel un parfum secret que nul ne peut saisir

Ainsi le troubadour s'en va à la rencontre
Désirée, redoutée et toujours incertaine
Où son âme et son corps pour un temps se
                                  confrontent
Dans un terreau obscur en y semant des graines.

Une bougie

Une simple bougie
Elle ne peut gagner
Qu'en acceptant de perdre.

Elle doit se consumer
Faire jaillir de son cœur
Un sang or et lumière.

Elle ne peut éclairer
Sur le chemin obscur
Qu'en éclairant les autres.

Pégase

Le souffle ailé
Nuage vivant
Ailes déployées
Conscience pure
Je galope par les chemins de l'air
Solitaire et pourtant relié.

Le nénuphar

Il repose tranquille tout au fond de l'eau
Là où toute pourriture lentement se transforme
En la vase dont il se nourrit.

Patiemment il s'élève sans parade ni bruit
Il sait attendre
La lumière du bout de la nuit.

Un beau matin il épanouit son sourire
Au visage endormi de l'étang
Tel un rêve vivant entre lune et soleil

Et comme il est fin magicien
Il transforme toute grenouille
En princesse..

Vide

Se jeter dans le vide, se vider de tout ce qui encombre et fait semblant d'être rempli pour combler le vide.

Se tenir dans les contradictions, à la fois philosophe et poète, amoureux et ermite, roi et mendiant.

Devenir coupe, cueillir les heures, se recueillir, donner du temps au temps, laisser mûrir

Oser mourir.

Appui sur le vide, béance généreuse, invisible présence quand tout parait absent, que le plein sonne creux, la forme se dilue, le sang est transparent.

Vide qui n'est pas rien.

Rien qui n'est pas vide.

Abîme

Abîme, chute sans fin, rien ne sert de s'agripper.

L'abîme, ne cherche pas à le combler, ne te laisse pas fasciner par son œil de corbeau noir

L'abîme est là, devant toi comme en toi, inutile de faire semblant. Le nier est stupide, le fuir est impossible, négocier ridicule, et se plaindre est indigne.

Tu ne peux inventer de machine anti-abîme, lui-même étant une machine à tout broyer machinalement.

Tu peux seulement te risquer à apprendre l'art du funambule,

Danser par-dessus l'abîme.

Prunelle

Un anneau de couleurs
Plante le décor de la comédie
Au centre est un cratère

La prunelle s'y embrase
Pourfend les apparences
Brûle les faux-semblants

Et quand l'ombre s'enflamme
Naît une parole vraie
Au feu d'une rencontre

La lumière exilée
L'amour seul la délivre
Donne un port à l'étoile.

Évidence mystérieuse

De par ce monde étrangement
Tristesse fait de l'ombre au bonheur
Il y a toujours sournoisement
Un repli où se cache l'horreur.

Et par merveille tout autant
Une joie vient border la douleur,
Elle ne s'approche secrètement
Qu'à pas de loup, à pas de cœur.

Elle puise force en la douceur
En creusant l'ombre, sa lumière
Sort de la boue telle une fleur
Dont le parfum est la prière.

Résilience

    Il en est des blessures qui ne peuvent guérir
    Qu'une fois bien compris qu'elles sont
                                inguérissables.
    Le temps n'efface rien, mais s'il vient à mûrir
    Il accepte et transforme un destin implacable,
    Et les mains écorchées qui ont tant dû souffrir
    Découvrent en creusant un trésor sous le sable.

    C'est un trésor d'histoires, et qui dans le partage
    Au soir à la tablée des amis inconnus
    Tricote la lumière comme font les nuages.
    Au coucher du soleil, à l'auberge des nues

3. T'en souviens-tu ?

Chanson de l'étang

Vois la branche du vieux tilleul
Les souvenirs y sont perchés
Mais tu ne peux les attraper
Ils sont semblables aux écureuils.

Le vent souffle sur la mémoire
Et on ne peut figer le temps
Les reflets dansent sur l'étang
La vase nourrit les nénuphars.

Le saule se penche en ce miroir
Qu'une grenouille vient pourfendre
Par les nuages couverts de cendre
Dansent les roses en robe du soir.

Cerf-volant

> *« L'enfance est le cœur*
> *intemporel de la vie » R.M. Rilke*

L'oiseau a perdu une plume
Le vent a perdu un nuage
Le nuage le cerf-volant
Que lui avait confié l'enfant.

Il en a fallu du temps
Pour retrouver le souvenir
Du cerf-volant
Que l'enfant devenu grand raconte à son enfant.

C'est que navigue la mémoire
À contre-courant
Jusqu'à la source des histoires
Où nous sommes tous des enfants.

Errance

Après longtemps d'errance
De coups et de blessures
Un souvenir d'enfance
Pour ultime aventure,

Voici venir la mort.
Sa barque est silencieuse
Telle une paillette d'or
En rivière argileuse

Glisse vers l'autre rive
En complet dénuement
Quittant tout elle arrive
Au pays qui l'attend.

La danse des souvenirs

Par une brèche exquise
Le mur va fissurer
Courtisé par la brise
Le toit va s'envoler

Reste le bon vent fou
Quand tout devient fenêtre
La mémoire peu ou prou
S'envole pour renaître

Le vieillard a cent ans
Le temps de l'innocence
Il parcoure sautillant
Les chemins de l'enfance.

Et il rencontre ému
Les amis la famille
Maintenant disparus
Jouant encore aux billes.

Les souvenirs voyagent
Et leurs pieds de vestale
Dansent sur les nuages.
Qui tressent leurs sandale

Effleurant le papier
Dessinent un poème
Ce cimetière ailé
De la gent que l'on aime.

Dis, tu te rappelles ?

Te rappelles-tu ce voyage au bout du monde ? Quelle aventure ! Nous n'avions rien d'autre que le plein du cœur, le vide de nos poches et le culot de croire à l'impossible.

O dis, te souviens-tu de ce périple incroyable sur les steppes mouvantes de l'océan ? Les vagues amusées, l'écume aux lèvres, riaient bien de notre mal de mer.

Mais avec les dauphins pour complices, on se prenait pour des corsaires, ou on rêvait d'être Magellan.

Comme les docteurs n'y comprenaient rien ou pas grand-chose, il t'a fallu précipitamment repartir pour l'ultime traversée,

Me laissant seul sur le quai avec nos rêves naufragés.

Le voyage se poursuit vers l'intérieur. Les dauphins sont toujours nos meilleurs complices.

La jeune morte et son poème

Je ne le savais pas, tu n'avais plus de corps
Amie lointaine,
J'ai dû tremper ma plume dans l'encre de la mort
Et de la peine,

Pour te rendre visite en cette sépulture
Absente et pleine
Du souvenir qui poursuit l'aventure
À perdre haleine.

                                  [d'ombre
Au bout d'un long tunnel creusé dans un roc
L'âme incertaine,
Je découvris enfin, griffonné d'outre-tombe
Le tien poème.

Me disant sans me dire à la manière du vent
Amie prochaine
Que l'épi de tristesse se devait patiemment
Mûrir ses graines.

Et laisser la mémoire s'écouler dans l'oubli
Avec la Seine
Puis l'écouter surprise chanter du fond du puits
À la fontaine.

Comme tu es toujours jeune au pays du mourir !
Tu te promènes
Parcourant la contrée tu franchis à plaisir
Montagne ou plaine.

Et moi l'âge venu par-delà le tourment
Qui nous malmène,
Par toi retrouve enfin cet éclat innocent
Libre et sans chaîne.

Tu n'es plus là sans doute et pourtant ta présence
Douce bohême
M'entraîne par le cœur à jamais dans la danse
Aux chrysanthèmes.

Dis-moi es-tu bien morte, ou moi je ne sais plus ?
La mort elle-même
Est compagne exigeante furtive et incongrue
Et souveraine.

[secret
Elle œuvre à sa quenouille dans le plus grand
La soie la laine
Et puis, qui riche ou pauvre, le fil en est tranché
Un matin blême.

Certes les années passent, nous restons des enfants
La mort marraine,
Ainsi le noble jour de notre enterrement
Est un baptême.

4. Au rythme des saisons

Changement immuable

Les saisons nous entraînent
Du dehors au dedans
De source en embouchure
Et réciproquement

Entre les rives de mousse
Et celles de l'azur
Le fleuve s'écoule
Immuable pourtant

Il nous presse il nous pousse
Au rythme du mystère
Qui est toujours le même
Par qui tout est changeant.

Printemps

Joie et merveille, Rayonne et chante le printemps !

Mais ami que sais-tu du froid et de la faim qu'a traversé l'oiseau pour survivre à l'hiver ?

Et toi l'oiseau, sais-tu combien les mots doivent lutter, pour du bout de leur plume, traversant la tourmente, glaner un brin de vérité ?

Le printemps est ancien. Il a beaucoup donné. Il peut encore charmer. Ne peut plus nous porter.

Il y a deux mille ans, ce fut un printemps à l'envers. Les pâquerettes blanches, piétinées par la foule, assistèrent interdites au drame.

Quelques roses pourpres, sensibles et courageuses, s'assemblèrent autour de la croix du supplice en ronde planétaire.

Sept roses en prière préparaient le nouveau printemps. Un feu secret dans les âmes attentives, un chant subtil au chœur des cœurs.

À l'envers du sang répandu sur le sable, transfigurant la mort, un printemps pourpre et or rayonnait du dedans.

Un printemps invisible, un printemps invincible. Le printemps des printemps.

Un printemps indicible. Dont l'oiseau garde encore un écho dans son chant.

Automne

La feuille se meurt quand elle fleurit
Rejoignant belle son essence
Dont la lumière inverse luit
Parmi la brume en transparence
Tandis que le vent accomplit
En chaussons d'or l'ultime danse.

Eté-Hiver

L'été, danse le pin et frémit l'olivier
Les cœurs se bercent au rythme des cigales
Les amours brûlent, le vent est parfumé.

L'hiver, l'âme crépite au bois de cheminée
La braise pulse, les flammes ont des pétales
Pourpres que cueille la fumée.

Tout se rejoint l'hiver est un été
Blotti au cœur d'une spirale
Que par magie l'été vient dérouler.

5. Saisons de l'âme

Fontaine

Combien doux, à l'hiver de la vie, quand tout est sec et froid, d'entendre murmurer le chant d'une fontaine.

Voici un vieillard ; depuis la peau ridée une clarté rayonne au dôme de son front, une rosée d'étoile au bord de ses paupières s'égrène doucement et rejoint la fontaine.

Et chargée de mémoire, c'est la première fois que l'âme frémissante se saisit étonnée du chapelet des ans, qui coule, goutte à goutte, pareil au fil de l'eau.

Le vieillard écoute silencieux une voix qui lui parle au secret,

En langue de fontaine.

Avent

En cette saison même les pierres
Humides et grises semblent comprendre
Qu'un feu secret dessous la cendre
Des feuilles mortes est en prière

Et si le ciel semble oppressé
C'est qu'il prépare une lumière
Le plomb est aussi nécessaire
Pour tenir le vitrail en clarté

La pluie tombe à grosse larme
Désaltérant les champs trop lourds
Et les passants privés d'amour
Reçoivent l'ondée qui les désarme

Et leur fait entrevoir dans l'ombre
Grandissante une lueur
Qui s'allumant par l'intérieur
Vient libérer leurs pensées sombres

Un clochard croise une princesse
Chacun se salue et sourit
Et tous les autres sont surpris
De partager leur gentillesse

Ne courrons plus pour le paraître
Il faut laisser mûrir les heures
Car sur la paille au fond du cœur
Se prépare l'enfant à naître.

Noël

Les étoiles attentives échangent leur lumière
L'âne et le bœuf émus partagent leur chaleur
Et la paille au secret fait mûrir une orange.

Marie est en douleur d'amour. Et par mystère
Les bergers et les loups, les rois et les voleurs
Écoutent le silence. La parole est aux anges.

Au jardin de Marie

    Marie blanche au bouquet de lys
    Marie rouge au buisson de rose
    Marie de noire terre humaine
    Noble visage cerné d'étoiles.

    Tu reçois la visite de l'ange,
    Tu écoutes l'appel et ton cœur s'épanouit
    Mais pressentant la croix, il se blottit
    Comme une fleur mûrit ses graines.

    Marie blanche rouge et noire
    Mère de toutes les mères
    Source de toute joie
    Refuge de toute peine.

    Dans le terreau du cœur
    Tu t'en viens jardiner
    Blanc rouge et noir entrecroisés
    L'âme humaine.

Prière

    Notre Mère qui est sur terre, en chair et par les eaux.
    Que Ton nom soit prononcé lèvres jointes comme on donne un baiser par-dessus le berceau,
    Car Ton règne est amour et tendresse et liesse,
    Et service Ta volonté.

Avec Toi partageons le pain, la joie, les larmes,
Et tous ces petits riens qui font le plein du cœur.
Avec Toi pardonnons-nous, consolons-nous,
                              embrassons-nous,
Laissons l'orgueil, l'ingratitude et l'impatience.

Et prenons soin de notre mère, dont Tu es la
                       mère, une fois l'âge venu,
Comme à travers elle Tu as su prendre soin de
                    nous quand nous étions enfants.
Et nous sommes à jamais Tes enfants.

6. Miniatures

Cœur transparent

    Eau bienfaisante, toute fraîcheur, toute lumière
    Eau musicale, dansante et caressante.
    Eau généreuse, tant simple et tant mystérieuse.

    Tu offres ta substance, ton rythme, tes tourbillons
    Perpétrant ainsi le miracle de la vie,
    Le calme flux des sèves et le tourment du sang.

    Perle de rosée, source cristalline, rivière sinueuse
    Torrent fougueux, lac paisible, étang secret
    Le monde en miniature se reflète et vient boire

    À ton cœur transparent.

Cascade

    L'eau coulait tranquille aux berges rassurantes.
    La voilà folle qui s'élance
    Ose la chute
    Et tout en sombrant vers l'abîme
    Jardine la lumière en fleurs.

Destin

Le pied se pose
Sur la terre sombre
Et puis s'élève

Il pose à nouveau
Un pas plus loin
Une question

Laissant quand tout s'efface   [aimer
Si on a dû souffrir, si on a su tenir, si on a pu
Une trace que liront les étoiles.

Le vieux chien fidèle

En parcourant la forêt solitaire, un peu las mais toujours attentif, je sentis une présence étrange aux confins de l'invisible.

Un museau humide et tendre, léchait ma main, cherchait mon cœur. Je retrouvais ce vieux chien fidèle que je croyais depuis longtemps perdu.

Ce vieux chien au pelage d'automne, sur le seuil de l'hiver enfin retrouvé, me fit comprendre par sa présence chaleureuse et ouverte
Qu'il faut apprendre de la bête pour mieux devenir homme.

L'oiseau transparent

Il traverse les murs, ceux des palais, ceux des chaumières. Ceux des hôpitaux, des asiles, des prisons, des casernes, des facultés et du parlement. Il traverse les crânes épais et lourds, les écrans saturés, et les coffres pleins à craquer fermés à double tour.

Il fait son nid dans les regards émerveillés ou bien les poches à jamais vides des pantalons usés. Il ne porte pas de lunettes roses, mais il sait voir l'envers des choses pour y picorer quelques vers.

Il traverse les couches obscures et les temps difficiles, l'oiseau transparent du poème.

Et rien ne saurait l'empêcher de chanter.

Œil de pierre

Pierre grise et compacte
Chute par le dedans
Au creux d'une géode
Encore plus sombre

Surpris à l'échancrure
Luit un cristal
Voici que nous regarde
Cet œil de pierre.

Corolle

    Une pensée en corolle
    Et autour les abeilles
    Rien de plus tout est là
    Et les mots font leur miel.

L'arbre foudroyé

    L'arbre foudroyé
    Se dresse
    Face à la gorge noire
    Debout
    Sur le seuil.

Larme

    Du regard un rayon
    Fait trembler la paupière
    Une larme étonnée
    D'être goutte d'eau claire
    Ruisselle translucide
    Au lieu du souvenir
    Puis revient sur son erre.
    Et la peine surprise
    Par miracle recouvre
    Sans nier sa douleur
    Un habit de lumière.

Bonheur

    Le bonheur est patient. Il attend.

    Il se glisse entre la mousse et la pierre, avec un flegme d'escargot.

    Ou bien espiègle, chipe de la poudre d'or aux ailes des papillons.

    Le bonheur, n'oublie pas qu'il t'attend

    Mais si tu permets que je te dise, sors de tes habitudes

    N'attend pas trop longtemps

Presque rien

    Une goutte de rosée

    Presque rien

    Un rayon vient y boire

    Rien de plus rien de moins

    Et l'aurore indécise

    Fait lever le matin.

Aube

    Coquille nocturne

    Craque surprise

    Envol d'un rêve

    Sur le chant d'un oiseau.

Le spectacle

Ta vie ne tient qu'à un fil, tu peux l'ignorer, faire semblant, elle ne s'allongera pas pour autant.

Peut-être crois-tu maîtriser les choses, prétendre au pouvoir, aux honneurs ou à quelque autre chimère dans ce théâtre aux décors évanescents ?

Joue simplement ton rôle. Il est unique, il est précieux. Qu'il ne soit pas celui d'un autre et remercie.

Pour le temps du spectacle.

Le peintre

Couche après couche
Il fait de plus en plus sombre
Mais dans l'œil de la toile
C'est une aube surprise
Sertie d'or et d'étoiles.

Indigo

L'horizon tend sa corde indigo
Elle sépare et relie
Tranche et arrondit
Une corde tendue
Entre le grondement des vagues
Et le silence des profondeurs
Entre le quai austère et cette île lointaine
Où le ciel fait escale
Dans les bras de la mer.

L'éphémère

Le temps est arbre à papillons
Y viennent voleter les mots et la lumière
Tissant ainsi dans l'éphémère
Pour l'éternel une chanson.

L'aigle

Par-delà la plus haute cime
L'aigle questionne le soleil.
En réponse une nouvelle question
Lui fait battre plus haut les ailes.

Trahison

Comme le journal avait trahi les mots
Les slogans la pensée
Les écrans la vision
Et l'argent le travail des hommes
Le poème s'exila dans la nuit
Auprès des rossignols.

Patience

Le silence délicat
Retient son souffle
Attend patiemment
Qu'on l'écoute
Avant d'éclore.

Sur l'eau

    La vie est une mer
    Les pieds sont des bateaux
    Le destin un voyage
    En marche sur les eaux.

Masque

Chacun avance à visage masqué
Sauf le clown qui peut en riant tant il est
                                        déguisé
Se moquer de tout de tous et de lui-même
Et lancer au mensonge une tarte à la crème !

Blessure

Comme il fait noir,
Comme il fait peur
Dans l'antre de la blessure

Une lumière cherche à percer la douleur
Nul ne sait la voir et nul ne peut comprendre
S'il n'a lui-même été blessé.

Une lumière obscure, un germe de soleil
Saigne
Pour apprendre à guérir.

Flamme

    Ah ! pour tout ce qu'on fait
    Embraser flamme sur flamme !
    Sans oublier
    De ramasser les cendres.

Tout au fond

    Creuse le puits au profond de toi-même
    L'eau se recueille
    L'étoile vient boire
    Et t'éclaire.

Le tourbillon

    L'archet fluide du ruisseau arpentait ses méandres parmi les berges moussues piquetées de soleil.

    Un rocher surplombait le tableau, il écoutait songeur la musique cristalline des flots.

    Un ours solitaire y passa d'aventure, mais il n'osa pas inviter au bal l'ondine de la rivière.

    Le trille d'une mésange vint chambouler sa rêverie craintive,

    L'ours posa enfin le pied sur l'onde, engendrant un léger tourbillon.

    Il suffit d'un rien, bien engagé, pour que tout change !

    La rivière, les mousses, les cristaux du rocher, le vent, les parfums, les papillons, la dentelle des nuages,

Et notre ours bien sûr, l'ondine pour compagne transparente…
Chacun fut tour à tour entraîné dans la danse.

Lumière du Nom

Le Nom naît de lumière, la parole pour berceau, flottant sur la rivière, dans un panier de mots,
Tel Moïse sur le Nil, enfant sauvé des eaux.
Ils ont passé les ans, ont coulé les rivières, noyant les mots vivants dans un torrent fiévreux d'informations contradictoires.
La parole dut mourir, endurer le tombeau des machines à mentir, accepter les closes trafiquées de l'histoire
Mais elle renaît sans cesse,
Sa douleur est promesse.

Énigme

Sommes-nous seulement
Quelques grains de poussière
Perdus dans l'infini,

Ou bien tout autant
Des graines de lumière
À jardiner la vie.

Parole silencieuse

Tu crois l'ami savoir beaucoup de choses
Une encyclopédie sur l'étagère repose…
Mais du secret des pierres tu ne sais rien de rien
Du doigté des racines, de la sève et du grain
Qui meure en souriant pour devenir ton pain ?
Ressens-tu la vie pure circulant dans le bois
Caresses-tu la terre où tu presses le pas
Entends-tu le silence vibrer à douce voix ?
La moindre herbe a son luth et entre dans la ronde
Que tressent les étoiles en chantant par le monde.

Passant, ouvre bien grand de ton cœur les oreilles
Si tu veux étonné prendre part aux merveilles
Car tout parle et doit être entendu
Tout est signe et désire être lu.

Midi-minuit

Soleil au midi de l'été, embrase les champs de blé, les danses et les foires.

Soleil au minuit de l'hiver se blottit dans la paille au fond d'une mangeoire.

L'un flamboie magnifique enivré de sa gloire et l'autre humble palpite au cœur de la mémoire.

Étoile filante

    Le poème est une échelle. Il faut grimper, cueillir l'image, le parfum, le rythme, la mélodie.
    Avoir patience et impatience, humer le simple et l'infini, grimper aux balcons des nuages.
    Tenir le doute rongeur, la vaine séduction, la paresse insidieuse et tous les faux-semblants.
    Et surprendre la trace de l'étoile filante
    Sur l'étang de papier bordé de nénuphars.

Infini

    J'ai cueilli l'infini dans mon mouchoir,
    L'ai roulé dans ma poche revolver
    Et cette arme qui me désarme
    Voilà toute ma force.

Bohémienne

    Et si vient à surgir cette douleur ancienne
    Ou ce noble tourment sous le harnais du jour
    Et qu'un nuage sombre ou la foudre survienne
    Semant la confusion aux grisailles de la cour.

    Demande-toi alors s'il faut que tu comprennes
    Enfin qu'il faut descendre les marches de la tour
    Pour danser dans la rue avec la bohémienne
    Détenant en son cœur le secret de l'amour.

Ébène

> Comme il fait noir
> Comme il fait clair
> Dans ce regard d'ébène
> Que transperce
> Une étoile.

Pluie

> Au plus sombre de la peine
> S'allume un arc-en-ciel
> Quand il pleut une larme.

Descente

> Pour monter, s'il fallait descendre ?
> Car toute chose est une mine
> Et l'extérieur peut nous méprendre
> Quand toute chose est une énigme.
>
> Sais-tu le diamant pur et clair
> À la vitrine faisant le fier
> Vient du charbon noir de misère
> C'est lui son écrin de lumière.

Présence

    Le cœur serré, le cœur vidé
    Pourrait se croire abandonné.
    Il reprend cœur au cœur du vide
    Une présence l'aurait porté
    Serait-ce un Ange ?

« Haïku »

    Une plage dorée
    Château de sable
    Veilleur de l'enfance.

    Page blanche
    Absence pure
    Dont s'éprend un rêve

    Comme il pleut le soleil
    En ce pays étrange
    Le souvenir.

    Nature silencieuse
    D'où vient cette musique ?
    Cœur à cœur.

    Canard dans le ruisseau
    L'air indigné
    Se croit-il au Japon ?

Y a-t-il dans l'avion
Qui plane entre les vers
Une « Haïku » hôtesse de l'air ?

La fleur la plus belle

La fleur la plus belle
Tu ne peux la cueillir
Elle pousse à l'autre bord du précipice

La fleur la plus belle
Si tu veux la cueillir
Il te faut apprivoiser l'abîme

Apaise-toi. Ne cherche pas.
Au jour propice
Elle viendra te cueillir.

Arbre

La terre s'élève vers le ciel
Et c'est un arbre
Le ciel s'incline vers la terre
Et c'est un homme

Un jour sur l'arbre un Homme
Fut crucifié
Arbre de mort, arbre de vie
Entrelacés

Bras et cœur grand-ouverts
À la ronde
Soleil intime parmi les ombres
De ce monde.

7. Jardin musical

Le chant du monde

>Comme il a dû peiner
>Pour traverser l'hiver
>Faire son nid de brindilles
>Et d'un rien se nourrir
>Le passereau.

>Il chante et c'est à chaque fois
>Pareil et tout nouveau
>Et toujours aussi beau
>Et toujours il entonne
>Le chant du monde
>Dont il se fait l'écho.

Noces

>Lumière en sève
>L'arbre grandit
>Puis comme un rêve
>L'arbre fleurit

>Et fanant la relève
>Du soleil est au fruit
>Offrant dans la corbeille
>Ses rayons arrondis

Terre accueillant le ciel
Et le ciel pied à terre
Vénérons le mystère
Des noces de la vie.

Reflet

À la fontaine me suis penché
Venaient se mirer dans l'eau claire
Glycines et roses entremêlées

Yeux mi-clos j'écoutais la lumière
De l'arc-en-ciel improvisé
Par l'eau dansant dessus la pierre

J'étais tout seul mais par mystère
Je ressentis, étrange aubaine
Une présence élémentaire

Me disant sans me dire amusée
Que celui que je croyais moi-même
N'était simplement qu'un reflet.

Abeille

Pour faire du miel nouveau
Le poète comme l'abeille
Va butiner parmi les mots.
Et voici par merveille

Qu'ils s'envolent et se posent
Sur le papier plié en fleur
À la manière des roses
Dont les pétales forment un cœur.

Après l'ondée

Après l'ondée les elfes dansent, parées de brume et de parfum sauvage.

Les lutins font la ronde, modèlent les champignons, habillent les pâquerettes,

Tandis qu'une fée malicieuse peigne ses cheveux d'or avant d'ouvrir le bal

Où tout le monde danse au rythme des cristaux où tintent les étoiles.

Changement de costume

Les arbres ont troqué par magie
Leur pelisse de laine verte
Pour une toison d'or.

Ainsi les souvenirs
Par les splendeurs d'automne
Se parent de nostalgie

Et puis s'en vont rejoindre
Leur tanière mystérieuse
Sous un manteau de neige.

Rouge Blanc Noir

    Dis-moi sans épine la rose
    Aurait-elle une robe empourprée ?
    Le cœur sait trop bien qu'il s'expose
    À la douleur s'il veut aimer.

    Et toi le lys de pure blancheur
    Qui bien que maintes fois trahi
    Par la boue, par le flou, le malheur
    Annonce encore et perpétue la vie.

    Mon Dieu les chemins de l'errance
    Font voir de toutes les couleurs
    Tandis que vibrent en transparence
    Les souvenirs pareils aux fleurs.

    Ah ! voici la tulipe noire
    Fleur de corbeau parée d'un voile
    Couleur de nuit tissé de moire
    Et dont le cœur est une étoile.

Noir Blanc Rouge

Chacun marche au soleil et nul ne voit son ombre.
Un pas distrait trébuche et c'est une boue sombre
On ne peut faire semblant les habits sont salis,
D'où vient cette noirceur dans la flaque
                              assoupie ?

Mais point de teinturier pour laver l'eau de l'âme
Il faut d'abord au fond de cette boue infâme
Faire plonger la conscience assumer l'ombre
                                            noire
Qu'on avait répandu tout au long de l'histoire

Pour enfin recueillir au creux de l'athanor
Et sous l'étoile juste une paillette d'or
Un nuage de lait, une ondée de blancheur
Pour tisser au matin une robe de fleur

Une humble pâquerette est bon commencement
Puis au feu d'un amour purifié et ardent
Revêtir de la rose la corolle enflammée
Pour habiller le cœur d'un velours empourpré.

Le piou-piou

Une boule sauvage échappée de la ville
À fait danser la branche effeuillée par l'hiver,
Une boule de plumes et de courage, une île
Dessus la terre gelée semblable à une mer.

C'est un petit clochard parmi la gente ailée
L'aigle majestueux ni la belle mésange
Ne voudraient d'un tel bougre parmi leur société.
Voici qu'un promeneur à la silhouette étrange

S'arrête pour écouter le chant mélodieux.
Est-ce une fleur sonore dont la corolle noire
Tinte comme un cristal dans le giron de Dieu ?
Le pipeau du piou-piou retentit dans le soir.

Passereau

Chante le passereau à la tombée du soir. Serait-ce qu'il m'appelle par un nom musical, un trille de lumière. Excuse passereau, je ne sais pas ta langue, et je n'ai pas de lyre pour répondre à ta joie, ni apaiser ta peine, quand le monde est si dur, quand le vent est si froid.

Penché sur mon carnet, je sens ton ombre pure donner des ailes aux mots. Nous sommes partenaires, et je t'en remercie. N'aies crainte, approche-toi. Prend ces miettes de pain, ces petits bouts de cœur pour te tenir au chaud.

Le ruisseau

Te souviens-tu enfant, entre larmes et rires, serpentait ton histoire. Pas toujours drôle en fait ; mais, pareil au ruisseau, tu sautillais léger par-dessus les cailloux, les mousses ou l'herbe tendre.

Il y avait des conflits, des non-dits, des souffrances. On te disait d'aller jouer, qu'il n'y avait rien de grave et que tout irait bien. Tu t'en allais songeur baigner les pieds dans le ruisseau, le seul à ne rien dire, le seul à te comprendre.

Le temps a passé sans passer sur les cabosses du cœur. Mais tu as beau faire semblant, le ruisseau qui t'a fait rêver avait dû ravaler ses pleurs. Tu les as cachés sous une pierre, dans un repli du temps où rien ne s'oublie, rien ne se perd à la garde des écrevisses.

Mais chaque jour est renouveau. La source coule toute fleurie, dansent les ondes généreuses.

Et comme il chante le ruisseau, qui dans tes veines a fait son lit, sans pour autant lever la peine, changée en perle mystérieuse.

Impression du soir

    Eau calme et transparente
    En venant se mirer
    Une fleur innocente
    Découvre sa beauté.

    Un caillou d'aventure
    Tranche la soie de l'onde
    Et cette déchirure
    Fait des ronds à la ronde.

    Mais dans la profondeur
    Une ombre malicieuse
    Réveille une douleur
    Jusque-là silencieuse.

    Alors des doigts magiques
    Pinçant les algues noires
    Font naître une musique
    Dont frémit l'or du soir.

Naissance des couleurs

La goutte de rosée accueillit un rayon d'or.
Suspendit sa lanterne à l'épine d'un rosier.
Et c'est depuis cette posture de trapéziste
Dansant au cœur de la lumière
Qu'elle donna naissance aux couleurs.

Château de plume

Avec des mots tout simples mais riches de mystère,
Dans un coin bien secret par-dessous leur chapeau,
Je lancerais un pont par-dessus la rivière
Tandis que les images se baigneraient dans l'eau.
                                                       [jambes
Avec des mots dotés de pieds, de muscles aux
Pour explorer curieux les chemins de la terre
Pèlerins, vagabonds et bohémiennes ensemble
Y danseraient sans fin la joie et la misère.

Avec des mots pourvus de griffes et d'ailes aussi,
Des mots d'écureuil roux, de taupe et d'alouette
Pour creuser des mémoires les sombres galeries
Ou hisser dans le vent le fanion de la quête.

Avec des mots qui rient ou bien qui se recueillent
Pour tresser simplement une musique pure   [feuilles
Des mots gravant l'écorce ou dansant dans les
Ou bien des mots en fleurs pour parfumer l'azur.

Avec des mots de flamme chevauchant le soleil
Ou bien des mots rêveurs comme chats sous la lune
Des mots qui s'étonnent, s'envolent et par merveille
S'en vont là-haut bâtir un château de leur plume.

Avec ces mots amis qui seul nous comprennent
Invitent le silence ou bien le violoneux
Pour rythmer la parole, débusquer un poème
Raconter une histoire ou contempler les cieux.

Passage

    O vois-tu ce nuage qui passe dans le ciel
    Et tresse sa dentelle entre lumière et pluie
    Entre l'en-bas, l'en-haut, le sommeil et l'éveil
    Il s'étire ou se cabre au seuil de l'infini.

    Il respire la nue et se métamorphose
    Là c'est un petit singe, là un dragon surpris
    De changer ses écailles pour un buisson de rose
    Dans le jardin du vent selon sa fantaisie.

    Lourd d'un orage possible, léger comme l'abeille
    Il habite ton souffle il fait danser ta vie
    Fait éclore en ton âme un surplus de merveille
    Pour peu que ton regard vienne y poser son nid.

Nuage passe. Il a passé. Tout passe
Les saisons et les ans et les amours aussi
Et le temps insouciant efface toute trace
Excepté cette étoile au giron de la nuit.

Randonnée

La terre offre le val, le mont et la forêt
Le parfum d'aventure, la joie et le danger
Et toi le randonneur, pèlerin ou poète
On ne sait qui tu es, quel chemin prend ta quête ?

Si tu fais un faux pas, le cœur sur la portée
Relance la musique, fait danser le sentier
Alors tu te relèves et sans trop bien savoir
Quel ange t'a aidé à poursuivre l'histoire.

Alouette

L'alouette lance un trille.

Coquelicot ailé, sentinelle de feu, veilleur de plumes sur les champs de blé en souffrance.

L'alouette grisolle, continue à jouer, ne cesse de lutter.

Humains : Entendez l'appel. Ne tuez pas les dernières alouettes !
Ces lanceurs d'alerte cherchent à vous réveiller.

Le nouvel Ulysse

Tu voudrais libérer l'oiseau bleu de sa cage ?
C'est un défi ardu car la clé est rouillée
Et ton carnet de notes est un trop lourd bagage
Les mots ne savent plus qu'ils ont des ailes aux pieds.

Il n'y a plus de rhapsode sachant les faire danser
Certains même ont perdu leur joie leur foi leur
                                              quête
Dans un dédale obscur de neurones emmurés
Et les muses affolées sont parties en retraite.

Mais on entend au loin résonner sur la plage
La marée des légendes et des amours anciennes
Dont le puissant ressac nous invite au voyage :
Partir avec Ulysse au charme des sirènes.

Et sur l'île lointaine au centre de toi-même
Tu pourras à loisir au lieu de ton carnet
Inscrire ton histoire devenue magicienne
À l'encre de l'écume sur le sable doré.

La licorne et le lion

La licorne et le lion
Se croyaient ennemis,
Une clairière d'amour
Vint unir leurs légendes.

C'est ainsi que naquit
Par bonheur un poulain
À la crinière de flamme
Aux sabots de cristal.

Il aimait galoper
Dans les yeux des enfants
Les rêves des amants
Et les forêts de contes.

Mais advint un chasseur.
Le poulain fut touché,
On vit saigner des roses
En gerbe autour du cœur.

Le vent les emporta
Au jardin du couchant
Où l'amour et la mort
S'embrasent et se confondent.

Se perdre

De perte en deuil il mûrissait
Par doute et tourment il apprenait
Et les blessures le guérissaient
Sa force étant d'être vulnérable.

Au revers de la peine il y avait une joie
À celui de l'absence une présence pure
Et le renoncement pareil à fleur qui fane
Rejoignait son essence et brûlait son parfum.

Une main d'or caressa la colline
L'air fut secoué de frissons colorés
Et puis se revêtit d'une cape indigo
Où on vit se broder tout un bouquet d'étoiles.

Tout être perdu pouvait se retrouver
À l'auberge de la nuit
Et les défunts y venaient partager
Une solitude fraternelle.

8. Roseraie

> *Rose tant ardente et pourtant si claire. R.M.Rilke*

La marche des roses

    Un pied dans le fumier
    L'autre vers la nuée
    Un pied se souvenant
    Un autre imaginant.

    Un pas dans l'écriture
    L'autre bordant l'azur
    Le poème de la rose
    Irradie toutes choses

    Un pied dans le fumier
    Par l'autre transformé
    La rose sans pareille
    S'en retourne au soleil.

Le dit de la rose

    Si tu prends ma tige de bois dur dans le cœur de ta main, elle laissera perler, sous le mors des épines, la rosée pourpre du sang.

    Si tu poses le pied dans la terre noire et douloureuse où je m'enracine, tu n'auras que des vers pour amis exigeants.

Avant de t'élancer bien droit vers le soleil, médite donc un temps et dans l'humble pénombre, prend le silence pour confident.

Après la pluie seulement tu déploieras tes feuilles au pinceau d'or de la lumière, sans te laisser aveugler pour autant.

Et deviens fleur ou papillon, fais-toi chanson, poème afin de te rencontrer toi-même, là où ton cœur est agissant.

Ne te laisse jamais ronger par la critique ni cueillir par l'éloge. Fais provision d'images, dispose-les à la ronde simplement.

Ne te laisse pas prendre au piège de l'esthétisme raffiné. La rose connaît le fumier, les pucerons, les épines…

C'est le prix de son cœur

En flammes de velours.

Le baiser de la rose

Fontaine de lumière
Une rose est en fleur
En sa grâce première
Enrobée de senteur

Mais le beau temps s'épuise
Et la rose se fane
Emportée par la bise
Sous un linceul diaphane

Elle embrasse éphémère
Les lèvres du couchant.
Puis se dissout dans l'air
S'adonne au firmament.

Et revient par amour
Des choses de la terre
Donnant au nouveau jour
Un baiser pourpre et clair.

La rose du désert

>Au désert
>Rose de sable
>À corolle minérale
>Ciselée par les vents.

>Une femme
>Au pas des dromadaires
>Effeuille le silence
>Et les pétales du temps.

Un nuage
Recueille la poussière
L'enroule en son turban
Rose au dedans

Au désert
Ce jardin transparent
La rose est invisible
Tissée de pure lumière.

À cœur-ouvert

Elle n'est pas en plastique, ne sort pas du frigo, n'est pas captive d'un écran électronique ; elle refuse d'être dépendante de la chimie voire des manipulations génétiques. Elle ne joue pas la courtisane béate et hypocrite dans la vitrine de la fleuriste.

La rose, la vraie, n'a que faire de l'usurpateur qui sait le prix de tout et la valeur de rien. Elle ne fait pas semblant de prier sur le marbre du cimetière et elle ne veut orner aucune boutonnière.

La rose de vie, elle a poussé dans le fumier. Elle a connu les temps difficiles, l'orage et les pucerons. Elle a fait croître avec patience et fermeté sa tige qui se dresse résolument comme un rayon de bois-soleil.

Elle sait aussi se pourvoir d'épines, autant de petites épées pour se défendre et s'affirmer sans violence dans ce monde tourmenté.

Tout cela pour un beau jour épanouir sa corolle,
répandre son parfum, brûler d'un amour pur
À cœur ouvert.

La naissance de la rose

    Orgueil et désir confondus
    La réponse devance la vraie question
    Croyant savoir sans comprendre

    Raison effeuille les pétales
    D'une rose électronique
    Sans sourire ni parfum

    L'écran s'efforce
    De débusquer la lumière
    Mais l'ombre est la plus forte

    Dans un lacis d'épine
    Les arguments se crispent
    La bataille est inévitable

    Seule la rose de vie
    À l'éclosion du cœur
    Offre la paix

Le trépas de la rose

Rose tu me regardes
De tes paupières multipliées
Mais de ton œil je me garde
D'être trop proche à en brûler.

Rose quand tu me parles
De tes lèvres superposées
L'accordéon de tes pétales
Prend mon crayon le fait danser.

Rose quand je t'écris
De ma mémoire éparpillée
J'évoque ta mélodie
Dans le silence déployée.

Que tu es belle dans ta robe
Pourpre à la couleur d'amour
Mais aux caresses tu te dérobes
Dans ta retraite de velours.

Rose on sait que ton épine
Blesse le cœur qui veut te prendre
Allume un feu dans la poitrine
Et réduit le bûcher en cendre.

Pourtant qu'il est doux ton piège
Il fait sourire ou bien souffrir
Et par étrange sortilège
Donne la vie par le mourir.

Rose quand tu te fanes
De tous tes voiles déchirée
Ton sang s'écoule pur et diaphane
Ton linceul même est parfumé.

Rose te voilà disparue
Pourtant tu fleuris encore
Le soir au repli de la nuc
Tant belle par-delà la mort.

Rose-Cœur

La rose, il te la fallait parfaite, chimiquement pure et bien aseptisée, une rose hygiénique pareille à celle du catalogue, qui ne se fane jamais.

Elle n'avait ni charme ni parfum, cette rose en plastic usurpant la beauté. Elle n'avait pas d'épine, mais un couteau invisible écorchait le regard. Le couteau taillait une brèche, laissait une ouverture possible... Peur, mensonge et commerce la refermèrent aussitôt.

Et la rose-cœur souffrait au fond de la poitrine et hurlait en silence : « Homme quand cesseras-tu de tricher ! »

Rose-Croix

Va au jardin de l'âme, laisse-toi donc surprendre,
Par la rose de vie. O, pourrais-tu comprendre
Le mystère de sa flamme en velours de douceur
Consolant calmement toute plainte ou malheur ?

Son parfum délicat, tel l'encens des vestales
Elle l'offre généreuse pour transformer le mal.
Le sang coule de la Croix et se métamorphose
Par sa magie d'amour en un bouquet de roses.

Sept roses font cercle sur le cœur de la Croix
Chacune se tient calme et vive dans la ronde
Apaisant toute peine allumant toute joie
Pour toute croix humaine dressée de par le
monde.

Le chevalier à la rose

Le chevalier part en croisade. Au bras droit une épée, sur le cœur une rose.

Pèlerin chevalier, il combat et respecte l'ennemi l'infidèle, pressentant qu'il se tient aussi,
Caché en lui-même.

Au cœur des choses

Cristal de rose
Lumière secrète
Flamme discrète
Au cœur des choses.

Rose d'épine

Nous avons planté
des roses
et vinrent des épines

Le jardinier
nous console
les roses dorment

Il faut bien aussi
aimer
son temps d'épines.

*(Libre transcription d'un
poème de Rose Ausländer)*

Roses de l'âme

Dans l'air illuminé du pays de l'Esprit
S'épanouissent les roses de l'âme,
Et leur rouge rayonne
Dans la pesanteur terrestre ;
Il se condense en l'essence de l'homme
Et modèle le cœur.
Il rayonne à nouveau par la force du sang
En tant que rose-rouge de la terre
Vers les champs de l'Esprit.

*(Libre transcription d'un poème méditatif de
Rudolf Steiner)*

9. *Papillons*

Pétale de feu

        Il s'élance
        Déambule
        Pétale de feu

        Comme il danse
        Funambule
        Au fil des yeux

        Jeu d'enfance
        Préambule
        Du mystérieux

        Vol en partance
        Voilé de tulle
        Vers d'autres cieux.

Trois fleurs

    Je me souviens : grand-mère souriait
    Rose-Blanche
    Ma mère m'embrassait
    Rose-Rouge
    Et la princesse de conte avait pour souffle
    Une Violette

Trois fleurs
Bouquet lointain et proche où ma mémoire se pose
En papillon.
Trois fleurs, elles m'ont apprivoisé l'aurore
Et elles seront, quand la nuit viendra,
Mon ultime lumière.

Chanson de la lumière

Lumière se baigne, fleurit la pluie
En arc-en-ciel
Allume aux cieux mille bougies
Sans nulle pareille.

Lumière cisèle même la pierre
Tinte un cristal
Et si elle plonge dans la mer
Luit un corail.

Au printemps voici que dansent
Ses papillons
Paillettes d'or qui s'élancent
Hors du cocon.

Il lui arrive d'être un peu folle
De s'enivrer
Parmi la ronde des lucioles
Au plein été.

Quand vient l'automne naît le printemps
Par l'intérieur
La feuille s'illumine en mourant
Telle une fleur.

Poussière d'étoile tombe la neige
Au temps d'hiver
Tel est l'ultime sortilège
De la lumière.

La chenille

Après avoir dégusté son menu de verdure, la chenille digère, visite ses entrailles, un monde obscur et effrayant.

Au fond d'un gouffre une lueur sauvage lui intime de filer de sa chair douloureuse une soie pure, car le temps du bal est venu.

Quelle confiance, quelle audace, quelle vaillance ! La chenille au secret prépare sa robe de lumière.

Le saut

Au sortir du cocon, les ailes encore froissées éprouvent un temps d'effroi.
Nul ne peut les aider, à prendre l'aventure, à déplier voilure, à déployer leur rêve.
Il faut tailler la brèche, se frotter à la terre
Enfin devenir flamme, épouser la lumière.

Au sortir du cocon, les ailes encore froissées,
Oser
Le saut.

La révolution des papillons

Comme personne n'écoute personne, tout est bien en ordre et chacun fait semblant d'avoir raison.

Certains peut-être aimeraient que ça bouge, sans que rien de rien ne soit mis en question.

C'est alors qu'un papillon se pose impromptu sur la page de ce pénible feuilleton.

Il semble vouloir dire butinant la lumière : « N'y a-t-il vraiment pas mieux à faire ? »

Si vous croisez ce papillon à couleur de soleil, laissez-le donc voler, bousculer la poussière, au lieu de prétendre, bien assis sur vos rêves, vouloir tout changer en faisant tout pareil.

Laissez les chenilles dévorer les cartons, roulez le tout en boule entourée d'un cocon, comme révolution, ce serait une première :

Un bel envol de papillons !

Pierrot

Tu danses fier et l'œil en fleur
Ton tour de piste
Tour en cachant que ton bonheur
Est aussi triste

Pierrot de lune blanc-infini
Ton doux sourire
Paré de neige et nostalgie
Semble nous dire

Souvenez-vous du temps futur
Imaginez
Partez en vous à l'aventure
Émerveillé

Dans le pays de la mémoire
Illuminée
Par le cœur où guérit l'histoire
Souvent blessée

Rappelle-toi sous l'oreiller
Quand tu t'endors
Pierrot vient encore y semer
Un sable d'or.

Voici que lève un vent terrible
Troublant le bal
Éparpillant dans l'invisible
Tes blancs pétales

Lors tu te changes par magie
En papillon
Laissant pour traîne dans la nuit
Cette chanson.

L'éphémère

Le temps est arbre à papillons
Y viennent voleter les mots et la lumière
Les souvenirs, les rêves, les illusions
La quête pure, le doute et le mystère
En les habillant de chansons.

Petits bouts

Par petits bouts de rien du tout, par étincelles de cœur, paroles s'assemblent, s'attirent, se font la cour.

Et sur la page de papier glacé où sont gelées tant de douleur, de nostalgie et de bonheur, glisse le traîneau de la mémoire,

Chargé de bûches et d'embûches, de tant de petits bouts perdus, retrouvés et enrichis tout au long de l'histoire.

Le poème ou le conte, avec tous ses petits-bouts accrochés à ses basques, se pose enfin en marge de la vie,
Prend feu et puis s'envole
À la manière des papillons.

Papillon-neige

Quelques flocons tombent doucement devant la fenêtre
Et selon la fantaisie du vent, ils s'en retournent vers le ciel
Comme autant de petits paillons blancs.
Ainsi voltigent les images
Vers le noir de la tombe, vers l'éclat des étoiles
Quand il neige à la fenêtre du souvenir.

Papillons jour-et-nuit

Papillon de jour, c'est une fleur animée en robe de soleil.

Papillon de nuit, c'est une ombre sinistre mendiant la lumière

Papillon de jour, comme il danse étourdi de son propre bonheur.

Papillon nocturne se brûle sur la lampe pour rejoindre son frère.

Les contraires se retrouvent. L'amour et la douleur, la naissance et le deuil. La beauté, la laideur, la danse du soleil et l'appel des étoiles.

Toute lumière trace une ombre, chacun porte son double.

Que l'on soit papillon, poète ou bien notable.

Vol de nuit

        Il vole vers la lampe
        Irrésistiblement
        Le papillon de nuit,

        Et pour son dernier vol
        Devenu pure lumière
        Il rejoint son étoile.

Plante et papillon

        (poème méditatif de Rudolf Steiner)
        Contemple la plante
        C'est un papillon
        Enchaîné à la terre,

        Et vois le papillon
        C'est une plante
        Que le cosmos libère.

10. Les mots comédiens

Les mots

    Les mots justes se taisent
    Finie la comédie
    Ils ont perdu leur sève
    Et leur source est tarie.

    On leur coupe parole
    Ils se sentent trahis.
    Les voici en geôle
    Dans des boîtiers sans vie.

    On dit et contredit
    Et nul ne s'en étonne
    C'est la cacophonie
    La poire est une pomme.

    Chacun déclame une oraison
    La vérité se désole
    Car le mensonge a bien raison
    Mais la raison est folle.

    Alors les mots de peu de chose
    S'en vont quêter l'aurore
    À la lèvre une rose
    Silencieuse et sonore.

L'arbre de mots

Si je dis « arbre », le mot s'enracine dans la terre, se dresse par le tronc, déploie ses branches, offre ses feuilles au vent, savoure la lumière.

Si je dis « oiseau », le mot s'envole, lance son trille, offre ses plumes au vent, explore tous les chemins de l'air.

L'oiseau prend pied sur l'arbre, l'arbre s'enchante par l'oiseau, et on ne sait par quelle magie l'oiseau et l'arbre échangent leurs anneaux.

L'un écrit sur l'écorce, l'autre sur la portée du vent, tous deux font leur bonheur de bruissements d'ailes et de feuillages frémissants. Ils se racontent des histoires.

Si je dis arbre, si je dis oiseau, voici que ces mots m'appellent par mon nom sauvage, mon nom de sève, de sang et de lumière. Voilà que ces simples paroles s'envolent par-dessus les toits puis se rassemblent sur les tréteaux

Où les comédiens, ces drôles d'oiseaux, forment sans le savoir un bel arbre de mots

Question

Qu'est-ce qu'un poème, dit l'abeille
Une ruche de mots un bouquet de merveille
Et pour cette mésange ou pour le rossignol ?
C'est un lieu pour chanter, un arbre de parole.

Qu'est-ce qu'un conte ? dit l'enfant   [volant ?
Le tient-on par un fil, tout comme un cerf-
Il te faut demander aux fées de la clairière
Qui dansent invisibles en tissant la lumière.

Qui est donc ce nuage insiste encore l'enfant ?
Grimpe donc sur le dos de cet éléphant blanc
Qui sans arrêt se forme et se métamorphose
Et puis le soir venu s'endort parmi les roses.

La vie est un poème, un conte et un nuage
Planant au ciel d'azur, luttant aux quatre vents
Les ailes déployées comme les goélands
Dont l'ombre vagabonde caresse le rivage.

Mais nous vivons pourtant sur terre !
Dit l'homme mûr et gorgé de bon sens
N'oublie pas d'y semer la lumière !
Répondit l'ange aux lèvres du silence.

Boîte aux lettres

Avant de m'endormir, j'essaye de passer en revue, au rebours du temps, les principaux évènements de la journée. Il se déroule ainsi un théâtre d'images aux coulisses mystérieuses.

Des personnages surgissent sur la scène, parfois peu avenants : « Tu aurais dû mieux t'appliquer à telle besogne. Tu aurais pu bien davantage porter attention à telle personne. Tu ne te rends pas compte que ton attitude a pu froisser telle personne etc...»

Ainsi je me rencontre moi-même comme si j'étais quelqu'un d'autre, et je me tiens devant autrui comme si c'était moi-même.

Cela engendre un tourbillon. Je me sens coupable, minable, impuissant...sans vouloir perdre ma fierté pour autant.

Un instinct me dit : méfie-toi, ne va pas trop vite. Je laisse donc mûrir les choses, faisant confiance au cours du temps.

Je griffonne quelques lignes sur mon carnet en guise de bagage pour le voyage de la nuit, avec bien plus de questions que de certitudes.

Au matin, je retrouve le carnet dans ma boîte aux lettres. Une page supplémentaire vient me rapporter les nouvelles des étoiles.

Le destin fera bien le reste.

Parole

Parole

Tu te poses silencieuse sur le nid du cœur pour une étrange couvaison.

Tu suggères, tu interpelles mais sans contrainte aucune, laissant libre à chacun de ressentir le moment juste pour parler, pour s'exprimer.

Par toi, Parole, la forme et le mouvement, le signe et le sens, l'image et la lumière, la vérité et la beauté s'unissent et forment un bouquet.

Messagère entre les hommes, tu recherches
l'harmonie tout en amplifiant les particularités,
tout en respectant les contradictions.

Tu rayonnes la clarté tout en suscitant le mystère.
Ainsi personne n'aura jamais *le dernier mot*.

Silence

Ni parole, ni bruit, aucun écrit
Le silence glisse sur la neige

Prière sans demande et dialogue secret
Entre les choses, entre les êtres

Parole, comme dans l'écrin de nacre
Du coquillage

Tu ne cesses de vibrer
Dans le cœur du silence.

Ci-contre, Rudolf Steiner nous invite à méditer le corps, l'âme et l'esprit de la langue. À ne pas s'arrêter seulement au sens des mots, aux images et résonances qu'elles suscitent, mais aussi à se baigner dans l'eau vive et musicale de la langue, à en respirer le souffle créateur originel, à laisser se forger le cœur à la flamme du Verbe-Esprit

Un « dit de vérité » de Rudolf Steiner

Qui comprend le sens de la langue
Le monde se révèle à lui
En images.

Qui entend l'âme de la langue
Le monde vient lui dévoiler
Son essence.

Qui éprouve l'esprit de la langue
Le monde le gratifie
De force de sagesse.

Qui peut vouer son amour à la langue
Le monde lui confère
Sa propre vigueur.

Je veux donc par cœur et par raison
Me tourner vers l'esprit et l'âme
Du Verbe,

Et de par cet amour
Pour Lui me ressentir
Pleinement moi-même.

(traduction libre ML)

II. CONTES

1. Trois contes de la cabane-enfance

1. Le conte d'autrefois

Tom venait d'avoir douze ans. D'habitude il avait des étincelles de cœur dans le regard, il rayonnait la joie de vivre et la bonne humeur. Cette fois un nuage gris-sombre se posa sur ses traits, l'orage était près d'éclater. Des éclairs traversèrent son visage et dans sa poitrine l'orage se mit à gronder. Entre les coups de tonnerre une voix sourde s'exprimait, une sorte de complainte. Tom écoutait interdit cette voix qui semblait venir des lointains et s'amplifiait dans sa propre poitrine, qui faisait caisse de résonance : « Pourquoi le monde est-il ainsi devenu ? Qu'en est-il des blessures infligées à la terre, aux arbres, aux animaux ? Qu'en est-il des souillures des fleuves, des lacs et des mers ? Qu'en est-il même du ciel lacéré par les traces des avions, encerclé par les satellites et pollué par les ondes de toute sorte ? Qu'en est-il de l'âme humaine ?»

Tom était songeur. Il venait de voir à la télé une émission d'actualité qui présentait « la vérité » en vedette bien fardée avec autour du cou un étrange collier où s'entremêlaient des perles à l'humour de pacotille et des piquants de sarcasme autosatisfait. Il se demandait pourquoi les adultes évitaient toute conversation vraiment sérieuse avec lui. Il avait le sentiment inquiétant que d'un côté on lui avait, à grand-coup de camelote, volé son enfance et que d'un autre on voulait faire de lui un adulte en miniature bien adapté, c'est-à-dire quelqu'un capable de tirer son épingle du jeu dans un monde de plus en plus stressé, injuste, pollué et violent.

Il prit sa trottinette et se dirigea vers la forêt proche dans un coin secret à l'écart, tenu au secret. Le ruisseau y déployait une anse aux rives moussues, propice aux têtards de grenouille et aux libellules. Tom écouta le tintement argenté de l'eau qui murmurait doucement. Le vent de la brise du soir prit son archet et Tom put alors entendre comme une voix chantée, retentir en sa poitrine.

« Viens mon enfant, j'aimerais te raconter ce conte d'autrefois. Il a voyagé à travers les siècles, traversé les océans, connu bien des bardes et des troubadours. Il a trouvé refuge dans ce coin de forêt. Il attendait que tu sois prêt pour le recevoir. Tu es devenu le héros de l'histoire et à ce titre voici ta mission. Je vais te l'exprimer à ma manière, le conte se transformera ensuite à la tienne. C'est aussi la voix de ton cœur.

« C'était une bande de camarades. Ils s'étaient d'abord rencontrés dans un rêve. Cela permettait, sans exclure a priori personne, de se reconnaître comme de possibles frères. L'enjeu et aussi le défi était de construire une cabane. Avec de la mousse tendre, des bouts de bois, des bouts de cœur. Avec aussi des écorchures, de la fatigue et des courbatures. La cabane devint ainsi solide comme un baobab tout en gardant la souplesse dansante d'un bambou. Une fois bien construite, ce qui ne veut pas dire achevée, car elle était bien vivante à sa manière et donc sans cesse en train de se transformer, les amis offrirent trois places de choix à une chouette et à un écureuil, en tant que représentants respectifs de la lune et du soleil et aussi à une luciole émigrée d'une étoile. La cabane était un château et une auberge ouverte à tous les amis de passage. À l'occasion une princesse de conte, déguisée en mésange, venait rendre une visite impromptue, accompagnée de sa suite de lutins malicieux. Cette cabane devint le cœur de la forêt et, en cas de gêne ou de peine, tout arbre venait s'y pencher pour reprendre des forces et être au besoin consolé. Vinrent d'autres temps…et une tempête finit par emporter la cabane enchantée, laissant le champ libre aux bulldozers et aux tronçonneuses Le conte heureusement avait gardé dans sa manche une baguette magique, celle-ci put progressivement recoudre les blessures de la nature et aussi celles des cœurs ; l'un ne va pas sans l'autre.

« Le conte lui-même te racontera la suite. C'est un conte d'autrefois qui, comme un violon ancien abandonné dans un grenier, sait merveilleusement chanter la vie nouvelle dès qu'on se penche attentivement vers lui pour vraiment écouter. »

2. Le conte de la peine obscure et de l'épée de lumière

Bien sûr l'enfant ne peut comprendre, mais d'un regard clair il saisit, sans compromis ni faux-fuyant, ce que d'aucuns refusent de voir. Dans le sérieux du jeu, ce roi du pour-semblant parle toujours le vrai, quand-même il triche un peu.

Dans la forêt peuplée de lutins, de fées et de sorcières, à même le salon, l'enfant construit une cabane-refuge avec des planches de carton, des branchages de vieux tissu, des briques et des broques et un toit invisible en tuiles de cristal. Sur la porte la clé des champs sourit à l'aventure. Mais cette fois-ci elle grince d'une façon inhabituelle et donne le frisson.

On a beau lui cacher certaines choses importantes - tout en lui montrant des choses qui feraient mieux de rester cachées - l'enfant devine, l'enfant pressent l'orage bien avant tous les savants de la météo. Il est triste à mourir de voir sa mère si désemparée, son père si gêné, le chien si penaud. Il se demande même s'il y est pour quelque chose. Si c'était lui le coupable, ce serait terrible, mais il pourrait alors tout arranger… Toutefois, sensible et fier, il ne veut rien montrer.

Il rassemble son cœur et devient chevalier. Il est maintenant le héros de ce conte que grand-mère venait de lui raconter d'une voix tremblante pour détourner son attention et essayer de l'endormir. Son regard flamboie, lance des étincelles. Chevauchant un noir destrier, il brandit une épée de lumière, forgée à la forge du soleil. Il se taille un chemin victorieux à travers la contrée dévastée. Aux interstices de son armure coule du sang rouge de colère et du sang bleu-gris de tristesse. Cela fait mal bien sûr mais il sait maintenant pouvoir avec courage le surmonter. L'épée creuse au secret un puits pour recueillir les larmes de la lune tandis que le jeune chevalier repose enfin à l'auberge du sommeil, auprès du juste soleil de la nuit.

3. Le conte de l'enfant-poisson et de la rivière

Le jeune Julien avait neuf ans. C'est l'âge où on est encore enfant tout en rêvant d'être déjà un homme. L'âge où le rêve d'aventure s'annonce, à la fois passionnant, prometteur et aussi risqué, inquiétant.

Julien se promenait calmement au bord de la rivière avec sa chienne Barki qui avait l'habitude de barboter sur la rive en attendant qu'il lui lance un caillou. Elle plongeait alors son museau dans l'eau claire et remontait entre les dents le caillou avec bonheur et fierté.

Cette fois-ci, le caillou tomba trop profond dérangeant un poisson, celui-ci remonta vers la surface en scintillant d'une lumière argentée. Le poisson replongea vers la profondeur tout en laissant d'étranges reflets flotter sur l'eau qui formaient une sorte d'écriture mystérieuse.

Julien avait développé le talent, devenu pour lui tout naturel, d'être en parfaite symbiose, en télépathie même avec Barki sa chienne. Quand il était en promenade avec elle, il devenait lui-même quelque peu « chien ». Il participait de la nature du chien. Ses pas qui trottinaient légèrement sur le sol, les odeurs qu'il respirait goulûment dans ses narines, et tout ce qui frémissait dans son propre corps, tout cela avait quelque chose de canin. Il restait un jeune garçon bien sûr, et savait se comporter de bonne manière quand il rencontrait d'autres personnes, mais tout au fond de lui vibrait la nature du chien. Et tout comme sa chienne, il savait lui-même pister les écureuils, les renards, les biches et même les habitants invisibles qui hantent la forêt.

Julien comprit intuitivement ce que voulait dire l'écriture argentée qui dansait calmement sur l'eau ! C'était une écriture mouvante qui, sans être gênée par l'orthographe ni la grammaire, savait chanter et danser. Le poisson, probablement une certaine truite, lui avait dit à sa façon : « Julien, je t'attendais, ta chienne l'a ressenti bien avant toi, c'est elle qui t'a entraîné jusqu'ici et qui t'a sollicité pour que tu jettes un caillou en un endroit précis. C'était le signe convenu »

L'enfant interloqué répondit : « Toi tu m'attendais ! Un poisson qui sait écrire et raconter ! ». Il y eut un moment de silence pour laisser de la place au mystère et éviter les explications qui ne servent à rien. « Toi Julien, comme tu t'es déjà bien entraîné avec ta chienne, tu peux aussi, si tu veux bien, devenir un poisson. Tout en restant toi-même, bien sûr »

Julien se fit poisson et se mit à vivre les choses d'une manière pour lui toute nouvelle, façon poisson ! Il ne voyait plus les choses avec des contours bien dessinés, chacune à sa place et bien séparée l'une de l'autre. Il baignait dans les choses, il tissait des liens, il partageait une vie commune dont il ressentait le rythme et les vibrations. Il voyait le monde en mouvement, dans sa fluidité première, dans son unité et sa transparence originelle. C'est qu'il y a des tas de choses subtiles qu'on ne peut saisir tant qu'on n'est pas soi-même poisson. L'enfant-poisson pouvait se laisser porter avec bonheur par la rivière ou bien sautiller à contre-courant et ainsi percevoir les choses à l'endroit comme à l'envers, au dehors comme au dedans.

Quand l'enfant reprit pied sur le bord de la rive, il continua de voir, d'entendre, de toucher et de participer au monde comme un poisson. Il observa aussi que sa chienne ne se déplaçait jamais de manière rectiligne au milieu d'un chemin ; elle décrivait toujours une trajectoire sinueuse à la manière d'un ruisseau et le petit pompon blanc du bout de sa queue brune frétillait comme l'écume sur les flots. Les pieds du garçon étaient deux poissons à la démarche rythmée et fluide, il avait l'impression subtile, musicale même, tout en cheminant sur terre, de marcher sur l'eau. Levant le regard vers la hauteur il comprit également que les oiseaux étaient des poissons à plume, des poissons qui nageaient dans l'air ensoleillé ; les oiseaux étaient les poissons du ciel.

Parvenu sur la rive il trébucha sur le monticule de terre fluide d'une taupinière, il ressentit que les taupes assuraient le rôle de poissons de la terre. Aveugles et méprisées de tous, les taupes travaillent à faire respirer la terre, à y faire pénétrer quelques écailles de lumière, et à la rendre humide, sensible et tendre comme un poisson.

En passant sous un grand chêne, il vit un écureuil sauter de branche en branche, de vague en vague de verdure tel un poisson de fourrure, un poisson volant, acrobate et plein de fantaisie. Au loin s'enfuyait en dansant un chevreuil, ce dauphin des bois. Et dans le ciel quelques nuages formaient un troupeau de baleines paissant calmement les eaux d'azur.

Rien n'avait changé dans les apparences, mais Julien comprenait que le monde baignait dans un vaste océan de lumière fluide, vivante et accueillante. Que le monde entier était solidaire. Que la vie et toute créature était comparable à un immense banc de poissons. Que les eaux des origines étaient toujours bien présentes pour qui savait voir, ressentir et se métamorphoser en conséquence.

« Tu es bien en retard ce soir, où donc as-tu traîné, Julien ? » le morigéna gentiment sa mère. Julien fit semblant d'être comme d'habitude et il se garda bien de raconter son histoire pour ne pas passer pour un drôle !

Sa mère avait préparé un bon repas et le regardait avec tendresse et Julien lui renvoyait sa douceur en riant. Mais une partie de lui continuait de nager dans la rivière et percevait les choses tout autrement. Cette partie se glissa subtilement dans les eaux de la rivière tourmentée qui ruisselait depuis le cœur de sa mère.

C'était une rivière de source généreuse, mais rapidement venaient s'y mêler des remous troubles chargés de chagrin, d'angoisse et de nostalgie. Une rivière forte et tonique, mais qui n'osait pas s'écouler franchement et paisiblement dans son lit propre. Quelque chose faisait barrage et cette rivière sensible s'éparpillait alors dans des flaques d'eau stagnante, ou bien, à l'opposé, elle s'élançait tout à coup d'un élan rapide et furieux, renversant tout sur son passage. Julien avait bien dû s'adapter, sans comprendre, aux courants imprévisibles de cette rivière, agacée, chahutée, voire menaçante et pourtant si tendre, si généreuse, si précieuse. Parfois elle l'emportait dans ses tourbillons maussades ou bien le rejetait, solitaire et désemparé, sur la rive.

Il fallait être poisson pour percevoir, ressentir et accueillir ce qui avait rendu cette rivière si imprévisible et si tourmentée, et pour saisir de l'intérieur ce qui se nouait sous l'écume souriante de la surface. Cela ne peut être décrit sauf dans le langage secret des poissons. Il est seulement possible d'en dire ici quelques mots, le reste étant à deviner.

Julien, en tant que poisson, avait dû, après avoir plongé en profondeur dans les entrailles de la rivière, nager à contre-courant vers sa source. Il apprit alors le grand secret : la source obscure des larmes était aussi celle de la lumière. Il comprit ainsi que pour certaines choses, il valait mieux ne pas essayer de les comprendre mais seulement les accueillir, les respecter, les honorer et même s'y baigner comme font les poissons.

Dans la cuisine silencieuse, il y avait alors des pensées douces et caressantes, autant de poissons invisibles qui parcouraient la pièce entre l'enfant et sa mère, tout en traçant un discret sillage d'écume de lumière et d'amour.

Barki, la chienne ressentait bien des choses à sa manière, et cela faisait frétiller le pompon blanc du bout de sa queue, tel un petit poisson malicieux à la fourrure argentée.

Et depuis la crête de la colline, serpentait une rivière de brume où naviguait paisiblement la barque mordorée du soir.

2. Trois contes du temps rêvé, roulé et déroulé

1. Le conte bleu d'orange

En ce jour clair-obscur, et ce n'est pas son habitude, Martin se penche sur un carnet de souvenirs. Aussitôt le vivant parchemin de son cœur se déroule à grande vitesse, fait une pause et se met à parler, à la fois ému et amusé :

Dis-moi Paule, toi aussi tu te rappelles ? On était des étudiants. On se rencontrait par hasard au café près de l'Uni. Je dois t'avouer que je donnais souvent en secret un coup de pouce au hasard pour qu'il se décide à nous rapprocher.

Moi, j'avais repéré cette totale adéquation entre ta présence, tes gestes, ton regard, ton sourire et la qualité de ton âme, que je devinais à la fois transparente et secrète. C'était une évidence, tu étais une princesse et cela m'attirait comme un aimant tout en me faisant peur. Tes yeux étaient des écureuils sautillant dans les branches d'une subtile lumière et, de mon côté, je faisais de mon mieux pour leur montrer le coin où se cachaient les noisettes.

Dans la réalité bruyante du bistrot, je ne savais quoi te dire, je racontais une blague pour te faire rire et me donner une contenance, je me sentais tellement idiot !

Une fois, t'en souviens-tu ? nous avons pu parler de poésie. Tu m'as dit que tu écrivais de temps à autre, et je t'ai confié que moi aussi je griffonnais des poèmes. Nous avons échangé quelques textes, mais nos œuvres les plus sensibles étaient encore si fragiles qu'elles se protégeaient pudiquement au secret des tiroirs de nos tables de nuit respectives !

Un soir, nous avons évoqué ensemble le poète Eluard, un autre « Paul » curieusement n'est-ce pas ? Je t'ai récité, entre autres, ce vers, célèbre autant qu'étrange : « La terre est bleue comme une orange ! »

Puis je t'ai dit naïvement : « Tu sais j'aime beaucoup Eluard, mais je n'y comprends rien ! » Tu as ri et tu m'as répondu au bout d'un long et doux silence. « Il n'y a rien à comprendre, il faut vivre l'image, la terre est bleue comme une orange, et voilà tout »

Sur le moment j'ai fait semblant d'être convaincu. Puis on a parlé d'autre chose mais je restais passablement troublé. Comme il était tard, chacun est rentré chez soi.

Il m'a fallu le voyage de la nuit pour me dévoiler ce que Paule avait tout naturellement saisi en un clin d'œil. Le ciel bleu se pose sur la terre puis se cache sous la verdure qu'il fait vivre. Il y sème des graines de soleil, ce sont de petites oranges qui scintillent comme des étoiles dans ce ciel sous-terrain. Elles attendent d'être reconnues et jardinées pour offrir enfin leur suc d'or et de lumière.

Paule avait une noble façon de tout dire sans rien expliquer. C'est pour cela qu'elle aimait Eluard. C'est pour cela que je l'aimais. Elle saisissait les choses directement en grimpant aux rayons du soleil. D'un seul sourire, elle m'avait fait la courte-échelle afin que je cesse de chercher pour me laisser surprendre, par les images et la lumière de la parole.

Des années après Martin se rappelait aussi cet autre vers de Paul Eluard : « J'ai tant rêvé de toi que tu en perds toute réalité » Et il se demandait si tout cela n'était qu'un rêve ?

Paule, il l'avait trop tôt connue et trop tôt perdue de vue dans les aléas de la vie avant même d'avoir pu lui dire…c'était trop fort, à la fois trop simple et trop mystérieux. Le cœur était touché, il n'arrivait pas à suivre.

Et ce souvenir rêvé témoigne de la réalité la plus précieuse.

2. Le conte du miroir

– Tiens je te retrouve ce matin, on dirait que tu montres à plaisir ce visage un peu bouffi, ces cheveux en bataille et ce menton râpeux. Tu n'épargnes donc rien !

– Tu pourrais me dire bonjour quand même car je suis ton fidèle serviteur depuis tant d'années, répondit le miroir. Je te souhaite toujours la bienvenue, bref je fais de mon mieux pour esquisser un sourire malgré ta mine renfrognée. Comme c'est à moitié endormi que tu fais toilette le matin, il m'arrive régulièrement de devoir réfléchir à ta place. Voici ce que j'aimerais te dire : « Quelque chose me dérange et me démange. Comme je suis ton reflet rien ne m'échappe, mais c'est un ressenti bien délicat à formuler... En tant que reflet, j'essaye bien sûr de prendre une distance objective, du moins en partie. Écoute bien ce que je voudrais te dire, et même si ça te bouscule quelque peu, j'espère que tu ne seras pas froissé. Voilà...

« Je te renvoie une image, et tu te prends pour cette image ! Tu essayes de la rendre présentable autant que possible à l'extérieur tout en pestant après quelque ride ou autre petit bouton, c'est bien normal. Mais ainsi tu restes à la surface des choses et tu risques de passer à côté de toi-même et des êtres que tu rencontres. Tu ne vois que les reflets changeants qui dansent sur les eaux mais tu ne pêches plus aucun poisson. En fait tu ne vois plus que des costumes, des décors de film ou de théâtre et autres jeux de miroirs. Des personnages, tu ne vois que l'apparence sur la scène du quotidien, mais tu ne perçois pas tout ce qui se passe dans les coulisses. Certains costumes sont magnifiques et dignes d'admiration sans doute, et d'autres moins présentables. Mais peut-être ce sont ces derniers qui, à force d'être dévisagés, d'être usés et rapiécés puis délaissés, cachent leur trésor le plus précieux tout au fond de leurs poches, tout au fond de leurs cœurs.

« Quant à toi, à force de te mirer dans le regard des autres, de chercher leur approbation ou bien de craindre leur critique, de chercher à séduire ou bien à provoquer... tu as perdu ton propre rôle et tu ne sais plus jouer vraiment. Tu me dis que tu sais faire la part des choses, que tu sais raison garder, que tu ne te laisses pas entraîner dans le sillage de ces ombres futiles. Je te crois bien sûr et je peux te comprendre quand tu me dis seulement *faire semblant* par convention sociale, pour ne pas te sentir trop en marge, voire exclu. Certes, je ne te conseille pas de te comporter comme un ours, malgré un talent naturel dans cette direction ! Mais il t'arrive trop souvent de te perdre dans un dédale d'images multipliées à l'extérieur par le regard des autres et à l'intérieur par un zeste de vanité ou bien à l'opposé par des ruminations moroses.

« En fait ton propre cerveau est un miroir à facettes où se pourchassent tant d'images artificielles. Tu me sembles parfois emporté dans un manège à toute vitesse, comme un chat qui court nerveusement après sa queue dans une ronde insensée. Ton regard est parasité par beaucoup trop de choses, tu es surchargé de trop de bouquins, trop de savoirs, trop d'écrans ! En fait tu ne prends plus que des *selfies*. Tu te régales de techniques à la mode, d'artifices insipides, tu fais collection de clichés-souvenirs mais tu ne te souviens pas de quelque chose de vraiment précieux. Tu ne laisses plus vivre les images. Tu es si encombré que tu ne peux plus rentrés chez toi, que tu n'habites plus vraiment ta vie.

« Tu ne sais plus t'étonner, t'émerveiller, t'enthousiasmer. Tu as beau chercher à te distraire, tu ne sais plus te réjouir vraiment. Et de rendez-vous en rendez-vous, ton cœur bat comme une horloge digitale sans savoir savourer le temps, sans pouvoir aimer ni rien ni personne.

« Tu ne vois pas que tout prétendu objet est un sujet qui te lance un appel silencieux qu'il te faut savoir entendre et laisser l'écho rebondir en ton âme. Que ce soit une pierre, une plante, un animal, un chant d'oiseau, un bibelot qui rêve sur l'étagère ou le vol d'un nuage. Que ce soit un regard, un sourire, une parole, un cri.

« Ne comprends-tu pas que tout ce qui t'entoure est un monde de reflets. Un monde en attente d'être délivré, par ta pensée, ton ressenti, ta joie. Par ton étonnement, ta gratitude, ton implication créatrice. Par ton cœur. Tu as beaucoup reçu sans même dire un merci.

« Le monde t'offre de manière multiple ton reflet. Il est temps pour toi de *traverser le miroir.* »

3. Le conte du corbillard

Il tombait une pluie fine qui filtrait la lumière et tricotait au lointain l'ébauche d'un arc-en-ciel. Le cheval gris tirait le corbillard d'un pas calme et ferme, comme il l'avait appris de longue date pour la circonstance. Certaines personnes du cortège, revêtues d'habits sombres plus ou moins décrépis, essuyaient leurs larmes dans un mouchoir tout en s'assurant d'être bien remarquées par les autres.

Tout ce beau monde défilait en une procession d'allure morbide et figée plus que recueillie, tout en attendant impatiemment de se remplir prochainement la panse au restaurant du village, En contraste avec ce théâtre d'ombres moribondes, un enfant sautillait d'une personne à l'autre avec un regard débordant de lumière et un sourire d'ange. Il vint insidieusement se rapprocher d'un homme de la cinquantaine, engoncé dans un pardessus gris sombre devenu trop grand et quelque peu mité.

– Sois sage mon garçon, tu ne vois pas que c'est un enterrement, il faut bien se tenir » dit l'homme d'un ton de reproche bienveillant.

– Ne comprends-tu pas que c'est toi-même qu'on enterre, dit l'enfant en souriant comme un soleil.

– Arrête de dire des bêtises, laisse-moi tranquille, il faut être sérieux !

– Ou faire semblant d'être triste en pleurant sur son propre sort ! répondit l'enfant en se retenant de pouffer de rire.

– Petit polisson ! dit l'homme, de plus en plus interloqué.

–Tu sais, mourir, ce n'est pas triste, c'est une naissance de l'autre côté, une fête à l'envers.

– Qui es-tu donc, petit effronté, avec ta prétendue philosophie ?

– Je suis toi-même lorsque tu étais encore enfant. Je suis l'esprit de ta jeunesse. Avec moi tu étais vraiment vivant, joueur, émerveillé. Et puis tu as grandi, tu es devenu qui tu n'étais pas vraiment, la copie conforme de ce que les autres attendaient de toi. Cela te donnait une certaine sécurité sans doute, bien illusoire en réalité ; cela te mettait en cage aussi, avec des regrets plein les poches du cœur, et tu as fini par en mourir, fort heureusement.

– Mais je me suis débattu comme un lion contre cette fichue poisse de maladie ! dit l'homme désormais pris au jeu

– C'est ta façon de voir ; en fait je me demande si ce n'est pas tout le contraire, si tu n'as pas choisi cette maladie mortelle parce que tu avais besoin de changer de vêtement; de ton point de vue ça veut dire mourir.

– Mais tu racontes n'importe quoi !

– Quand ta vie devient une maladie grave, c'est qu'elle cherche à t'apprendre à mourir.

– Pure folie !

– T'apprendre à mourir parce que tu n'as pas déjà su le faire avant.

– Je n'y comprends rien, je suis perdu.

– C'est bon signe. Tu es entrain de te retrouver.

– Que veux-tu dire, tes propos me troublent...

– Rappelle-toi le voyage que tu viens de faire au pays du souvenir avant qu'on ne te mette dans le cercueil.

– Oui je me souviens, c'était un rêve bien étrange, je voyais toute ma vie défiler à l'envers. Le temps se déployait dans l'espace alentour comme un vaste éventail.

– Tu dis toute ta vie… Mais combien de fois as-tu été pleinement toi-même et réellement vivant ? Combien de fois as-tu réellement aimé sans projeter tes propres besoins et désirs sur l'autre ? Combien de fois as-tu été ferme dans tes bottes au lieu de te laisser entraîner par le courant des opinions simplistes et confortables. Combien de fois as-tu été beau joueur, courageux, positif et créatif malgré les circonstances peu avenantes et certains coups du sort. Je m'arrête, la liste serait trop longue… Combien de fois as-tu dansé la vie ? Et as-tu seulement remercié ?

L'homme se teint coi, touché au fond du cœur. Il ressentait péniblement comme sa vie avait été routinière voire médiocre et même insensée.

– Tu as mal ? Mais la blessure est nécessaire…

– Je ne suis pas maso !

– Non bien sûr, mais tu es entrain d'apprendre. Les coups de ciseaux font mal, tu es train de te tailler un nouveau costume.

– Je n'y connais rien au métier de tailleur.

– Ne t'en fais pas, de nouvelles enveloppes se préparent. La toile semble grise, mais la doublure que tu ne vois pas encore est tissée de pure lumière.

L'homme s'aperçut qu'il marchait quelque peu au-dessus du sol. L'enfant lui tendit la main. Ils s'envolèrent tous deux laissant le corbillard et sa troupe maussade aller son chemin vers le cimetière. Un arc-en-ciel enjambait maintenant l'horizon, formant une arche accueillante et souveraine.

L'homme et l'enfant redescendirent un moment, pour aller guigner ce qui se passait lors de la mise au tombeau, ils ne faisaient plus qu'une seule et même personne. Le curé récita une brève oraison suivie d'une prière en latin, il faisait lui-même son devoir. bien dans les règles sans doute, mais sans guère de conviction ni de chaleur humaine.

Le chien avait suivi de loin le cortège, il attendit que les gens soient partis puis il vint se coucher au pied de la tombe comme autrefois au pied du lit de son maître. Il n'avait plus rien mangé depuis trois jours malgré les bons soins d'une voisine. L'homme, tout ému de sa fidélité, le caressa chaleureusement. Le chien, qui était le seul à le voir dans ce cimetière, lui promit de retourner chez la voisine et de reprendre sa pâtée.

Mais le cœur lui lâcha peu de temps après, il voulut rejoindre son maître pour continuer la route ensemble. Ils avaient besoin l'un de l'autre pour gambader dans les chemins du ciel et apprendre toujours de nouvelles choses.

3. *Quatre contes du temps chaviré, malmené, détroussé*

1. Le conte du Titanic et du bateau-journal

– Tu es énorme, gigantesque même, je suis époustouflé, dit le petit bateau de papier-journal.

– Et oui, vois-tu, je suis ce qu'il y de mieux au monde, je suis majestueux, grandiose, je relève d'une véritable prouesse technique. Je me propose de gagner deux jours sur le temps qu'il faut habituellement aux grands navires pour traverser l'océan.

– N'est-ce pas agréable de prendre tout son temps pour flâner sur les pontons, pour respirer les embruns salés, pour accompagner du regard la danse des dauphins parmi les vagues écumantes, et peut-être même avoir la chance de guigner une baleine. Le temps aussi de faire une rencontre-surprise avec d'autres passagers, une autre passagère…

– Peut-être bien, mais le temps c'est de l'argent ! Et tu oublies aussi l'impact de la performance, je laisse tous mes concurrents loin derrière, à la traîne !

– C'est vrai que tu es impressionnant.

– De plus je suis réputé insubmersible.

– Comme ce n'est pas mon cas, je dois être très prudent et aussi faire bien attention à ce que je dis et à ce que j'écris. Tu as quand même prévu des chaloupes de sauvetage ?

– Quelques-unes pour la forme. Mais je dois te le répéter : je suis insubmersible !

– Ne te fâche pas. Je me soucie simplement de la sécurité des passagers, on ne sait jamais…

– D'accord mon pauvre ami, je comprends, avec ta petite carcasse si frêle, si fragile. Mais tu ne transportes aucun passager à ce qu'il me semble ? Moi au total, je peux accueillir en sus de l'équipage, plus d'un millier de personnes.

– Et moi des centaines de mille figure-toi !

– Comme tu es présomptueux !

– Demande-toi si tu ne l'es pas davantage…mais je vais t'expliquer.

– Quelle rigolade !

– Tu vois, je suis peut-être tout petit, et de plus je me suis plié en quatre pour venir t'accoster, mais je prends du temps afin de garder ma pensée vivante et, originale tout en m'informant au mieux du possible de ce qui se passe dans le monde ; ce pourquoi d'ailleurs je suis venu te voir juste avant ta première traversée pour New-York.

– Accouche-donc. Quelle chimère veux-tu donc me raconter ? Je n'ai pas de temps à perdre.

– Un moment s'il te plait, je dois d'abord te dire comment je fonctionne. Tu vois, je cause avec toi maintenant, je prends quelques notes puis je vais rentrer chez moi, car il me faut être au calme à mon bureau pour écrire mon article d'une façon réfléchie, documentée et objective.

– Pendant ton temps de gratte-papier, je fendrai déjà l'océan à toute allure ! Mais tu ne m'as toujours rien dit à mon sujet.

– Eh bien c'est difficile à te dire parce que ton temps n'est pas le mien. J'aime faire référence à l'histoire, cela me permet curieusement dans une certaine mesure d'anticiper l'avenir. Vois-tu, certaines choses ont tendance à se répéter : par exemple, il y a quelques siècles, au moyen-âge, l'évêque de Beauvais a voulu absolument avoir la plus grande cathédrale au monde, plus grande que Notre-Dame de Paris.

– Et alors qu'est-ce que je m'en fiche.

– Cette cathédrale a été construite si haut qu'elle a fini par s'écrouler. Comme aussi dans les temps antiques la tour de Babel…

– Tu joues les oiseaux de mauvais augure. Moi je n'arrête pas le progrès, je fonce, toi tu ne sais qu'émettre des propos moroses et rétrogrades, par jalousie sans doute.

– Je m'interroge sur le sens, c'est mon travail.

– Et tes soi-disant passagers où sont-ils ?

– Ils sont invisibles. Ce sont mes prochains lecteurs, et aussi ceux des temps futurs. Je leur donne à réfléchir, à voir les choses incluses dans un plus large contexte et à penser aux conséquences …

– Quel rabat-joie tu fais !

– Écoute mon cher, j'ai un mauvais pressentiment, je te propose de ne pas écouter les ordres du capitaine qui voudrait battre tous les records de vitesse pour sa renommée. Il irait jusqu'à vouloir détrousser le temps.

– Assez de sornettes, je te laisse avancer à reculons, j'ai mieux à faire, on m'attend et je dois être à la hauteur des enjeux.

– Je t'aurai prévenu. J'espère me tromper. L'avenir nous le dira. Et je ne manquerai pas d'en informer mes passagers, je veux dire mes lecteurs. En attendant je me demande si tu n'es pas le symbole de tout un monde…

– Voilà enfin quelque chose d'intelligent dans ta bouche !

– Mais l'entends-tu de la bonne manière ?

2. Le conte de l'aigle et du hérisson

Il se mit à neiger. Les flocons étaient noirs. L'aigle s'envola au loin, à la forge du tonnerre. Les chauves-souris sortirent de leurs cavernes obscures, et leur vol saccadé effrayait les derniers moineaux. Un robot qui leur ressemblait, recouvert d'écailles métalliques, s'efforçait vainement de franchir le mur des apparences au moyen d'un jet intense de rayons laser et de nanoparticules.

Tout cela était tellement bien fait et défait qu'on savait plus ce qui était possiblement réel ou bien seulement virtuel. La confusion était telle dans les esprits qu'elle se propageait à l'extérieur, Les écrans débordaient au dehors comme au dedans.

Les humains, recroquevillés dans leur tanière de béton, suivaient d'un regard vide et avide, à la fois fasciné et terriblement inquiet, le flot continu des informations contradictoires. Chaque scientifique, auto-proclamé au rang d'expert, donnait un avis péremptoire, qu'un autre contredisait avec la même arrogance vaniteuse.

Chacun prétendait avoir « la solution-miracle » avant même d'avoir perçu par les sens et compris par le bon sens ce qui était en train de se dérouler sous leurs yeux. Nulle réflexion sérieuse n'était possible car les évènements s'emballaient dans une course folle.

L'effet et la cause étaient renversés, tordus ou confondus, et chaque projet de changement se heurtait rapidement au fait statistiquement démontré que rien ne saurait vraiment changer. Et la vision d'un avenir rassurant, promue par des dirigeants qui ne dirigeaient plus rien, n'était en fait que la copie plus ou moins déformée du passé, bien que celui-ci fut à l'évidence totalement révolu.

Il y eut des orages terribles, plus terribles encore que tout ce qui avait pu être imaginé auparavant par les climatologues les plus pessimistes. Internet était coupé, le téléphone ne marchait plus, les tours vacillaient, quelques-unes s'écroulaient et, depuis le ciel des débris de satellites tombaient çà et là dans un bruit fracassant. Inutile de décrire plus loin la terreur-panique ainsi engendrée.

Entre temps les hérissons s'étaient sagement mis en boule dans un coin de jardin, toutes piques dehors et conservant leur précieuse chaleur au dedans. Recouvert de débris divers et d'antennes plus ou moins tordues, le paysage présentait des sortes de piques hérissées en tous sens ; on aurait dit qu'il cherchait désespérément à se mettre en boule pour se protéger !

Comme tout était gris, sinistre et repoussant alentour, chaque rescapé essayait tant bien que mal de se tourner vers l'intérieur. Mais la détresse déroulait en boucle un cauchemar horrible, pas moyen de s'échapper, pas moyen de s'extraire de ses piquants insidieux qui traversaient même les écrans.

Le cœur avait malgré tout su préserver tout au fond une escarboucle de soleil. Encore fallait-il apprendre à la reconnaître, à la recueillir et à la cultiver d'une toute autre manière.

Il fallait réapprendre les bases de la vie, le cœur des choses. Observer, ressentir, penser les phénomènes, établir d'humbles priorités Pour cela attention, sensibilité, patience, mesure, espérance et courage étaient de mise. C'est qu'il fallait tirer avec sagesse et humilité les leçons du passé, et réapprivoiser la nature, du moins ce qu'il en restait. Le temps était venu de soigner.

Chacun découvrait notamment combien l'eau est précieuse et mystérieuse et merveilleuse. Chacun devait réapprendre à s'étonner, à vénérer, à être inventif, à se tenir droit dans le dénuement. On redécouvrait, bien obligé, la peine et aussi la joie des travaux simples surtout quand ils étaient partagés. Tout ceci dans le calme et la persévérance afin de laisser le temps dérouler rythmiquement sa pelote de laine et de lumière.

Dans le ciel une colombe déploya une flamme douce de satin blanc et les perce-neiges répondirent en allumant leurs bougies. Les enfants redécouvrirent le plaisir de jouer avec leur corps et d'imaginer avec leur cœur, et les vieillards se mirent à raconter de belles histoires.

Les lutins réveillèrent les hérissons tout contents de l'aubaine puis ils retournèrent en cachette habiter les jardins, les recoins des maisons et les replis des rêves.

Les hommes délaissèrent leur costume électronique, et, l'âme à nu et le regard clair, ils commencèrent à se parler de manière étonnante. De chaque parole émanait un rameau musical et fleuri. Chaque mot était une feuille sur l'arbre de la vie : elle cueillait la lumière et celle-ci lui donnait un nouvel élan créateur.

Les piquants recouverts de plumes de fougères, notre hérisson s'envola à la rencontre de son cousin céleste. L'aigle revint d'un vol calme et majestueux projetant sur la terre en travail une ombre scintillante, messagère des étoiles.

C'était pour chacun le signe de déployer ses propres ailes, sans oublier pour autant selon la circonstance de se mettre en boule, toutes piques dehors, façon hérisson.

3. Le conte de la couronne

Il était une fois un microbe. Il se rappelait qu'il avait été, aux temps anciens, à la base de toute vie. Il s'était engagé avec bonheur et perspicacité afin que la vie se développe et se perpétue, ceci depuis l'humble ver de terre jusqu'à l'être humain, en passant par tous les animaux de la forêt, les poissons des fleuves et des mers, et tous les oiseaux du ciel.

À l'époque il se rappelait qu'on pouvait communiquer les uns avec les autres, et même de loin, tout naturellement par empathie-télépathie dans un bain de sagesse universelle. Il n'y avait pas besoin d'internet et les abeilles butinaient harmonieusement les fleurs pour en faire du bon miel sans être dérangées par les pesticides ni par les radiations électromagnétiques. Bref, c'était le bon temps, se disait notre cher microbe qui partageait volontiers l'intestin ou les bronches de tel ou tel être vivant, en bonne intelligence et selon les besoins de leur physiologie respective. En général il n'y avait pas trop d'encombres, car on savait qu'au fond chacun avait besoin de l'autre, que chacun avait son rôle spécifique à jouer et tout le monde respectait le grand mystère de la Vie.

Au cours des siècles, il y eut de fantastiques progrès dans le domaine de la science et de la technique. L'homme est curieux et inventif par nature, ce qui est un bien en soi sans aucun doute. Mais par orgueil, avidité, instinct de puissance et non-respect des lois sacrées de la vie, vint le temps de la démesure. La science, qui était au départ une aventure passionnante, devint un dogme au matérialisme outrancier. S'en suivirent bien des misères : le gaspillage des ressources de notre mère la terre, la pollution des eaux et de l'atmosphère, la disparition de beaucoup de plantes et d'espèces animales, et la misère de tant d'hommes. Sans s'en rendre compte l'être humain était en train de jouer à l'apprenti-sorcier. Il finit même par scier la branche du grand arbre de la vie, celle-là même sur laquelle il se tenait depuis des siècles et des siècles

Le microbe (ce qui veut dire petite vie) fut complètement isolé de son contexte puis dévisagé au microscope et enfin doté de noms bizarres sans aucun rapport avec le vivant dont il était devenu par décret l'ennemi.

Par exemple un certain virus, qui effectuait habituellement son travail de saisonnier pour déclencher une grippe (cette fois ci forte il est vrai) se vit cette fois-ci traité de terroriste mondialement dangereux. Cette nouvelle explosive fut diffusée dans les médias semant la peur dans les chaumières. Tout ceci se déroula très rapidement, sans aucun débat pluridisciplinaire, ouvert et vraiment sérieux. Excédé, ledit virus prit alors calmement une décision délicate, mais il faut être disposé et dépourvu de préjugé pour l'entendre :

« En accord avec la sagesse cosmique, et après avoir consulté l'horloge des étoiles, j'ai décidé d'intervenir de manière énergique. J'ai dû me fâcher tout- rouge et prendre l'avion tout-noir d'une chauve-souris, boutée sans ménagement hors de son territoire. Puis je me suis retrouvé dans un marché oriental chez un pangolin en souffrance, prisonnier à l'étroit dans une cage avant d'être dévoré. Une fois installé dans le marché des humains, j'ai fini par trouver plus simple et plus efficace de me propager par un simple courant d'air. Par la suite j'ai amplifié le mouvement en prenant l'avion, cet énorme oiseau de métal qui fait tant de bruit mais ne sait pas chanter, et qui transporte à des milliers de km à contre-saison ce que chacun pourrait trouver sur place dans sa région avec un peu de patience, en temps voulu. Bref je n'insiste pas, vous savez tout ça, mais vous semblez vous être habitués à tellement de choses incongrues voire complètement absurdes. Je vous en laisse faire l'inventaire par vous-mêmes.

« Au départ, mon intention n'était nullement mauvaise, j'étais le premier lanceur d'alerte. Pour cela je portais fièrement une « corona » sur la tête, qui me servait aussi de moyen pour m'affirmer et m'accrocher aux basques des tissus si nécessaire. J'avais pour but, en déclenchant une maladie, d'allumer les consciences, afin que chacun puisse lui-même reprendre sa propre couronne au lieu de se laisser asservir par le système et les media saturés d'informations-slogans contradictoires semant partout la peur et le sentiment d'impuissance.

« C'est que, voyez-vous et pardonnez-moi d'insister, il faut être bien chamboulé dans sa routine pour pouvoir identifier ses erreurs, et se réveiller et enfin pour retrousser ses manches en vue d'un véritable changement. Guérir n'est pas supprimer ce qui dérange, mais l'accueillir, le comprendre dans son contexte, en vue de le transformer. Et de se transformer ainsi soi-même, de se renforcer, de faire un bond en avant à tous niveaux, pas seulement biologique. Toutefois une telle métamorphose ne peut avoir lieu sans souffrance, sans incertitude, sans accepter sa part de sacrifice.

« Je me sentais donc utile et même nécessaire en tant que lanceur d'alerte. Qui aime bien châtie bien. Excusez-moi de devoir insister, je dois le répéter, car vous savez bien, même si vous faites semblant du contraire, que l'humanité ne peut plus continuer ainsi à foncer dans le mur.

« Curieusement c'est une jeune femme originale, courageuse et intrépide du nom de Gréta, une sorte de Jeanne d'Arc moderne, qui a fait tout son possible pour faire bouger les hommes politiques et les autres. Mais il faut croire que leur sommeil est aussi profond que celui d'un bloc de granite. Ou bien il n'est pire sourd que celui qui ne veut pas entendre ? C'est qu'il faudrait avant tout un peu de courage pour se remettre en question au lieu de continuer la course folle de l'économie prétendument globale et libérale, qui est en fait dans les mains des rapaces de la finance. Sans parler de l'horreur qu'on fait subir à nos frères les animaux dans les méga-fermes industrielles, et des spoliations et pollutions de notre mère la terre.

« Les savants (ou prétendus tels) n'ont pas entendu ni compris cette révolte intrépide, ils ont tourné Gréta en ridicule ou c'est tout comme. Par contre, ils ont scruté toujours plus ma corona avec leurs appareils techniques ultra-sophistiqués, mais sans la voir vraiment, sans capter le message. Ils m'ont tant bombardé d'analyses électroniques et microchimiques qu'il ne restait plus de ma couronne que des formules abstraites et vides. On m'a donc nommé « co-vid » et c'est dans un tel vide de sens que se sont engouffrés de façon redoublée le mensonge et la peur !

« Encore une fois, je ne voulais pas détruire, mais dégager le brouillard, éclairer le chemin, tout en dressant un obstacle non pas pour écraser mais pour éveiller les consciences. C'était aussi un appel à la solidarité, une invitation pressante, tout en laissant libre, pour dire à tous qu'il était grand temps de prendre soin de leur mère la terre et également de lever les yeux vers le ciel et ses grands rythmes. Peine perdue…

« De virus-messager, je suis devenu le monstre à abattre et aussi le subterfuge pour ne plus parler que de *pandémie* tout en évitant soigneusement d'en dépister les causes profondes, en banalisant le déséquilibre majeur, pas seulement climatique, qui prétérite le monde du vivant dans son ensemble. Je suis donc devenu un objet de manipulation scientifique-politique et même une sorte de mini-bouc émissaire !. Le tout pour empêcher de réfléchir calmement, de trouver de nouvelles voies, ou de renouveler d'anciennes, pour soigner et chérir la vie dans sa merveilleuse diversité et ses interconnections.

« La peur, devenue terreur collective irraisonnée, a fait le reste. Au lieu de se remettre en question, de se parler chaleureusement, de se soigner en renforçant la vitalité et le courage intérieur, les humains se sont confinés. Chacun donc s'est enfermé et collé à son ordinateur ou sa tablette. Les humains ne mettaient plus guère le nez dehors sauf masqués, distants, méfiants.

« Une société sans sourire ni poignée de main ! Chacun était devenu un contaminateur potentiel pour autrui. Les enfants ne pouvaient plus embrasser leurs grands-parents et même certaines personnes âgées mourraient toute seules sans le secours de leurs proches. Les petits restos de l'amitié ont dû fermer leur porte, les commerçants de quartier ont été engloutis par les marées de la macro-économie.

« Les artistes étaient muselés, et tant mieux, disaient certains, car leur manière d'être est par essence effrontée ! La langue de bois régnait en maître. Le *sanitary-correct* avait pris le dessus et les experts ont accaparé la parole. Ils ont réduit tous les autres au silence en prétextant que la vaccination allait pouvoir tout résoudre ! Elle s'avérait en fait d'une efficacité douteuse et entraînait parfois de graves effets secondaires, mais ceux-ci étaient banalisés et même occultés. C'est qu'il faut faire marcher le commerce ! C'est que les profits financiers de big pharma sont énormes, malgré quelques miettes jetées ostensiblement en guise de philanthropie.

« Chers amis, moi le virus, vous m'avez rendu méchant en projetant sur moi toutes vos frustrations, votre agressivité, votre besoin de contrôle. Alors j'ai sorti de ma manche certains *variants* pour ne pas me laisser faire. Et sans oublier ma mission première qui est de vous bouter hors de votre torpeur confortable, vous les humains, peut-être bientôt transhumains… ?

« Toutefois je voudrais quand même redevenir à nouveau votre allié ! Vous ne pouvez pas me supprimer sans saper la base de la vie même, nous devons faire la paix car tout est lié dans la nature vivante, et les maladies ont aussi leur sens. De votre côté je vous invite à prendre soin de manière active et créative de votre santé et de celle de vos proches, de vos animaux, de votre jardin ; et de votre âme principalement.

« Et au lieu de penser qu'un vaccin va tout résoudre à votre place (ce qui n'est nullement le cas, sans parler des effets dits secondaires nullement négligeables comme dits plus haut), soyez inventifs, mobilisez-vous, prenez soin activement de votre santé et de celle de la terre qui en a tant besoin. Intéressez-vous à votre voisin, ouvrez les fenêtres de votre cœur De mon côté, je m'en irai reprendre ma place auprès des chauves-souris avec lesquelles je fais bon ménage depuis la nuit des temps ! Car tout être sur terre a ses particularités et son sens, à condition de pouvoir vivre dans son contexte originel et à son propre rythme. Je ne cherche pas à vous faire la leçon : voyez par vous-même. Considérez votre réelle expérience et non pas ce que vous avez ingurgité dans les médias mensongers ; et imaginez une balance :

« Dans un plateau de la balance il y a moi le virus, moi tout petit et même ultra-microscopique, à la fois obstacle et défi, risque et chance d'évoluer ; et dans l'autre plateau de la balance il y a vous, vous les hommes et tous les dégâts sociétaux et affectifs entraînés non pas par mon action propre, somme toute désagréable j'en conviens, mais par l'image caricaturale que vous vous êtes fait de mon identité et de mon rôle. Je suis traqué par les tests et les mesures sanitaires, soit, mais toute votre énergie y passe et vous voulez me chasser, moi le microbe, le tout-petit, pour ne pas voir ce qui pourtant crève les yeux, car la peur vous bouche la vue. Vous les humains, sortez de derrière votre écran, respirez l'air pur de la forêt, prenez-soin de vous de façon active et récréative, prenez soin de votre âme retrouvez votre joie de vivre !.

« Bas les masques, retrouvez votre sourire et votre droit de parole. Redressez donc la tête et reprenez votre couronne, je vous laisse volontiers la mienne qui en fait ressemble davantage à une pelote d'épingles !

« Serait-ce donc à moi, l'ultra-minuscule, de vous rappeler, à vous les humains, votre propre grandeur. »

4. Le conte du robot

– Tu crois que c'est bien toi qui écris cette histoire ! Quelle farce ! Tu ne te rends même plus compte que, dans le cybermonde, c'est moi qui ai pris le contrôle de ta vie, y compris de tes pensées !

Tu n'es peut-être pas encore au courant, mais je suis un robot d'ultime génération, celui-là même dont tu as depuis longtemps rêvé.

Avec ton équipe, tu as contribué à me construire à la perfection. Bravo ! Mais maintenant te voilà dépassé, tu es à la traîne. Il faut te rendre à l'évidence, tu n'es plus dans le coup.

Je suis devenu insidieusement bien plus performant, plus intelligent et plus résistant que tous les autres robots, et évidemment bien plus que vous autres humains dont, soit dit en passant, la prétention est ahurissante. Je suis doté d'une mémoire prodigieuse ; quand toi, mon pauvre ami, je te vois souvent en train de courir après tes lunettes ou bien ton chapeau !

Je suis équipé d'un super-ordinateur capable de vaincre n'importe quel champion d'échec et j'ai emmagasiné dans mes archives électroniques le contenu des bibliothèques de plusieurs universités.

Je peux me déplacer très rapidement sur terre, sur et sous la mer, et bien entendu dans l'air par un système de drone incorporé sur le modèle de la chauve-souris.

Je suis également ignifugé et je résiste à tous types de radiations y compris atomiques. Tu vois l'avantage en cas de conflit. Je compte quand même sur toi et tes pareils pour les motifs – ou prétextes – de déclaration de guerre, car dans ce domaine, très franchement, les humains surpassent et surpasseront tous les robots ! Nous restons en l'occurrence de simples opérateurs mais terriblement efficaces, car nous ne nous embarrassons pas de scrupules et nous aimons le travail bien fait.

J'ai réponse à tout, instantanément, pas besoin de réfléchir. Finis les propos nuancés, les doutes et les atermoiements, ce qui compte c'est la rapidité, l'efficacité, la réussite. À quoi bon s'encombrer de la recherche de signification inutile. Puisque vous vivez, vous les humains, de plus en plus machinalement, n'est-il pas légitime que nous prenions, nous les robots, toujours plus et même fort avantageusement, votre place ?

De plus, comme je n'ai pas de cœur, mais une pompe à électrons ultrasophistiquée et autorégulée selon la dépense énergétique et les ondes environnantes, cela me permet de fonctionner à plein régime sans être dérangé par des spasmes douloureux, des émotions troublantes ou des scrupules superflus.

Comme je t'ai déjà dit, mais à vous les humains il faut redire souvent les choses, les ingénieurs et les techniciens sont enfin parvenus à mettre leur projet à terme. Toutefois sans se rendre compte qu'ils signaient ainsi leur propre défaite, qu'ils devenaient eux-mêmes obsolètes ! C'est comique non ? En effet mon programme est ainsi fait que je suis désormais capable de m'auto-contrôler, quand vous avez désormais besoin de nous pour la moindre chose, même pour un simple café, tant le monde est devenu hyper-automatisé.

Un bon robot, il faut se méfier des contrefaçons, sait pratiquement tout prévoir et tout faire avec grande efficacité, par exemple la conduite des véhicules. Vous les humains, vous causiez beaucoup trop d'accidents, Avec nous tout est plus sûr. Heureusement, à part de rares marginaux que nous allons détecter et mettre au pas, vous êtes devenus de plus en plus passifs, subjugués et dépendants de nous. Et finalement nous saurons bien où tous vous mener !

J'ai appris que vous aviez des problèmes avec le climat, la météo, le cours du temps. Et vous avez beaucoup travaillé pour les résoudre sans toutefois y parvenir, ne voulant surtout rien lâcher de votre petit confort douillet. C'est vraiment comique, vous ne pouvez plus trouver de solution, car en fait vous êtes devenus vous-mêmes le problème principal !

Pour nous ce n'est pas un souci car nous fonctionnons aussi bien dans le blizzard glacé que dans la fournaise tropicale. De plus nous savons désormais retrousser le temps dans un sens ou dans un autre. Nous pouvons ainsi nous rendre à l'époque des dinosaures ou bien dans l'autre sens, par exemple en avance d'un siècle, après les diverses pandémies et autres guerres idéologiques et économiques qui ont décimé le monde.

Il va sans dire que, dans un futur proche, ce seront nous les robots qui auront totalement pris le pouvoir, et nous garderons juste un certain nombre d'humains à notre service pour des tâches subalternes. Nous les élèverons dans des camps appropriés ultra-surveillés afin de leur ôter de la tête la moindre idée vraiment stupide de liberté. Si tu veux une image à ta portée, pense donc aux fourmis qui élèvent dans leur terrier une colonie de pucerons à leur bon usage. Nous sommes de gigantesques fourmis mécaniques et vous les humains deviendrez de plus en plus semblables à des pucerons. Vous serez bien traités, archi-vaccinés, gavés de pilules et de programmes télévisés choisis sur mesure pour vous éviter la sale manie de vouloir penser par vous-même, ce qui finit toujours par engendrer du désordre !

Et puis comme l'air aura été pollué par votre folie industrielle illimitée, nous vous fournirons, bons princes, de l'air soigneusement filtré et traversé de rayons UV de haute qualité énergétique. Tout ce que nous faisons est impeccable et nous voulons votre bien... au cas où certains de vos spécimens pourraient encore nous être utiles !

Il y eut un énorme éclair suivi d'un coup de tonnerre rugissant.

L'ingénieur Arthur Robotix se réveilla en sursaut. Il fit un geste si brusque qu'il renversa la lamperobot ultra-connectée de sa table de nuit. Elle s'écroula sur le sol lançant l'alarme dans un bruit de ferraille.

Arthur, tout tremblant, sortit de son lit, il serra sa femme dans ses bras et s'en alla embrasser ses enfants. Puis tout le monde se rendormit paisiblement.

Dès le lendemain l'ingénieur en robotique de pointe Arthur Robotix donna sa démission.

Par la suite il se mit au jardinage, reprit sa vieille guitare abandonnée et changea complètement de métier.

4. Un conte de la guérison

(D'après le livre biblique de Tobit)

Tobias, l'ange et le chien

Tobit était un homme droit et respectable. Il ne faisait rien sans s'appliquer ni se conformer aux lois, c'est ainsi que son entreprise de pompes funèbres avait parfaitement fonctionné, de manière professionnelle, avec des comptes bien tenus.

Malgré son âge avancé, il aurait volontiers continué à travailler mais il avait dû accepter d'aller dans une maison de soins spécialisés car il avait perdu la vue. Peut-être parce qu'il avait pris l'habitude de scruter intensément ses employés sans pouvoir faire confiance à personne, et aussi en raison de tout ce temps passé à faire et à contrôler ses comptes à l'ordinateur, mais aussi dans ses carnets car il ne faisait guère confiance. Et surtout pas à la technique moderne. C'est ainsi que, progressivement, il s'était abîmé les yeux jusqu'à en devenir aveugle.

Il avait une femme très attentionnée qui lui rendait visite très régulièrement, chaque fois accompagnée d'un nouveau docteur. « Mais je t'ai déjà dit que ces médecins ne peuvent rien pour moi, ils n'y comprennent pas grand-chose et viennent me visiter seulement pour toucher des honoraires, ça suffit comme ça ! » Sa femme devait alors s'expliquer confuse avec le docteur qui s'en allait sans pouvoir le consulter, pensant qu'il avait affaire à un vieux fou ; il n'oubliait pas toutefois d'adresser ensuite sa facture.

Tobit était beaucoup en souci pour son fils unique, Tobias, qui était selon lui un doux rêveur, pour ne pas dire un incapable. Il avait rapidement abandonné ses études de commerce, s'était inscrit aux beaux-arts, puis avait tout laissé tomber ; et maintenant voilà qu'il s'intéressait à l'écologie et au chamanisme. Bref de bonnes jambes, une belle allure, mais pas de plomb dans la tête et aucun sens des dures réalités de la vie !

– Mon fils, Tobias, sais-tu que je me fais du souci pour toi. Je me souviens que j'ai un cousin éloigné à qui j'ai prêté une rondelette somme d'argent, à un taux faible pour le tirer d'affaire à l'époque. Maintenant il s'est remis sur pieds et j'aimerais que tu lui rendes visite pour récupérer cet argent de main à main. Les bons comptes font les bons amis n'est-ce pas ! Tout cela doit rester en dehors du fisc bien entendu...

– Toujours à magouiller mon cher père, dit Tobias en riant.

– De plus, tout près, habite mon cousin proche, Ragouël. J'aimerais que tu fasses sa connaissance et il t'hébergera volontiers. C'est un homme de bien sous tous rapports et il a une fille unique du nom de Sara qui serait un beau parti pour toi. C'est une jolie fille, avenante et intelligente, juste un peu plus jeune que toi. Vous êtes faits tous deux pour vous entendre, tu es en âge de te marier.

– Père je veux bien accomplir ce voyage pour toi, mais à pied, en randonneur, tu sais que je ne prends plus la voiture par conviction. Tu sais aussi que j'étudie les remèdes issus de la nature et j'ai rêvé que j'allais peut-être trouver une solution parmi les herbes de la montagne pour te guérir. Quant à Sara, je la rencontrerai volontiers et je verrai bien ce que je peux faire pour elle, car il parait qu'elle a des problèmes d'ordre psychiatrique, elle a dû être hospitalisée sept fois à ce qu'on dit.

– Mon fils je sais qu'il ne sert à rien de te prodiguer des conseils, tu en fais toujours à ta tête. Alors fais de ton mieux. Moi je suis bientôt au bout du rouleau. Vivant j'habite déjà parmi les morts.

– Père ne soit pas si négatif, chaque jour est un bien précieux et c'est en marchant que se trace le chemin. Si tu pouvais me faire confiance pour une fois…

– Tu es un chenapan, ça je ne le sais que trop. Approche-toi de moi et reçois ma bénédiction. Je sais que tu as bon cœur, mais n'oublie pas de bien vérifier que tous les comptes soient bien exacts, voici les documents dont tu auras besoin. Quant à Sara, si elle a dû être hospitalisée sept fois, c'est bien la preuve que les docteurs n'ont rien compris à son cas dès la première ! »

Tobias prépara son équipement de montagne pour le jour et pour la nuit. Il était toujours heureux de partir, il avait la mentalité, l'audace et les jambes d'un vrai randonneur. En chemin il rencontra un drôle de type bien bâti, au visage clair et souriant, mais avec un équipement des plus sommaires pour un montagnard. Il était accompagné d'un brave chien de berger, joueur et plein d'affection envers son maître.

– Salut l'ami, lui dit l'homme, d'une voix chaleureuse, te voilà parti pour une longue randonnée à voir ton énorme sac-à-dos !

– Oui je vais faire pas mal de kilomètres, franchir nombre de cols et bivouaquer en chemin.

– Veux-u que nous fassions route ensemble, je m'appelle Azarias je connais fort bien ces montagnes, et mon chien Rocki également.

– Moi, c'est Tobias fils de Tobit, bon à rien selon mon père mais prêt à tout selon la rencontre et la circonstance ! dit-il en riant de lui-même. Mais dis-moi, tu n'as guère d'équipement pour un montagnard ?

– Le cœur suffit, il est le garant de la providence, et puis mon chien Rocki connait tous les abris, c'est un pisteur et aussi un gardien formidable. Ne t'en fais pas. C'est le souci qui coupe les jambes.

– Bon allons-y Azarias.

– Tu peux m'appeler Zari, c'est plus simple.

Le voyage se déroula dans la bonne humeur. Tobias raconta son histoire, il parla notamment de son père devenu aveugle et de sa cousine Sara qui avait des problèmes psychiatriques. Zari écoutait très attentivement, mais il était fort peu diseur. Il annonça simplement qu'il était en pause et en profitait pour arpenter ces magnifiques montagnes, sans autre but précis, mais toujours avec l'intime conviction qu'il allait pouvoir y passer du bon temps, faire quelque découverte surprenante et aussi se rendre utile à l'occasion. Il émanait de lui une force étrange, à la fois douce et énergique, transparente et mystérieuse.

Pour la nuit, Rocki, le chien de Zari trouvait toujours un abri sûr à proximité d'une source d'eau claire. Zari se contentait d'une simple couverture. Tobias, bien équipé, dressait sa tente puis, fourbu, il dormait sur ses deux oreilles, fatigué d'avoir eu à porter un sac à dos si lourd.

Ils arrivèrent à un petit lac, qui de loin paraissait comme un bijou émaillé de turquoise dans un écrin de montagne. L'eau en était limpide, cristalline et accueillante. Tobias enleva ses chaussures et laissa y baigner ses pieds avec bonheur. Assez rapidement un poisson vint lui mordiller le pied et Zari fit en sorte de l'attraper dans un petit filet.

– C'est le poisson qu'il nous faut pour soigner ton père et aussi Sara, dit Zari d'un ton à la fois grave, sérieux et enflammé par l'enthousiasme.

– Qu'est-ce que tu racontes ?

– J'ai toujours une Bible en poche je vais te lire quelques phrases du livre de Tobit, afin que tu comprennes. Ce Tobit est un ancêtre de ta famille, fort éloigné sans doute mais encore tout proche à sa manière. Écoute bien, ce ne sera pas

long, c'est un extrait d'après le livre de Tobit :
« Rends toi maître du poisson qui est venu vers toi. Ouvre-le, enlève-lui le fiel, le cœur et le foie. Ils te seront utiles comme remèdes…Le cœur et le foie du poisson, tu les offriras aux flammes et tu en feras monter la fumée devant cette femme Sara qui est en fait possédée de sept démons. Le fiel, tu en feras un baume pour enduire les leucomes que ton père a sur les yeux et qui le rendent aveugles »

– Serais-tu un chamane, dit Tobias, abasourdi.

– Si tu veux, pour le moment disons-comme ça.

Et Zari lui raconta l'histoire ancienne de la Terre, d'un ton calme et profond, avec une conviction si intense que Tobias ne pouvait que l'écouter de tout son cœur dans une confiance absolue.

– Retiens surtout que la terre fut un soleil, l'ancien soleil dont on peut trouver un écho dans certaines légendes. A cette époque lointaine – toujours présente en fait car tout s'inscrit sur le parchemin du temps – le monde animal, dans des conditions bien sûr toutes différentes d'aujourd'hui, était représenté par les poissons, Des poissons de toute taille et qui rayonnaient de la lumière. Une lumière vivante, guérissante et bénissante. Et le poisson que nous avons pêché ensemble est venu nous le rappeler. Ce poisson, et d'autres, font scintiller l'eau du lac comme un bijou, un éclat de soleil. Ce lac est l'œil de la montagne, il nous regarde à sa manière ; et selon ton état d'esprit, quand tu t'y baignes les pieds, tout ton corps et toute ton âme en sont aussitôt soulagés. Le poisson t'a choisi, il est venu mordiller tes pieds. Ceux-ci, à leur façon, sont également des poissons. Il s'est offert en sacrifice, afin que la lumière puisse revenir dans les yeux de ton père et aussi dans l'âme de Sara, ta cousine. Sais-tu que le Moi de l'homme, dont l'ego est seulement l'ombre portée, que ce Moi est aussi de la nature du soleil. Cela s'exprime entre autres par l'éclat du regard, la chaleur du cœur, la générosité de la main.

– Mais le fiel comme baume, le foie et le cœur à fumer ?

– Je vais essayer de te le dire de façon très simple, mais cela est en faut complexe et reste bien mystérieux. Voici : le Moi, « le Je » doit avoir un point d'appui corporel et c'est le sang qui le lui donne, la chaleur du sang. Le foie en est le pôle nutritif-métabolique, c'est aussi une calme réserve pour le sang, une sorte de lac intérieur. Le cœur assure la dynamique vitale, il lance des vaguelettes, des pulsations rythmées. C'est un organe sensible et harmonisant, en perpétuel mouvement rythmique, un organe musical si tu veux bien. Je ne peux te dire les choses que brièvement dans les grandes lignes, essaie de le ressentir par toi-même et en toi-même. Cœur et Foie sont donc les deux organes principaux d'incarnation du Moi, supports de l'individualité humaine. Le poisson, cet éclat de soleil-vivant, t'offre ses propres organes et toi-même, poussant le sacrifice plus loin, tu les brûles doucement pour en dégager la fumée, comme on le fait avec l'encens. Si une personne, par faiblesse du Moi, laisse la place vacante à des entités nocives non maîtrisables, à des démons envahissant son corps psychique, elle en devient malade. Alors respirer de telles effluves va pouvoir la guérir, et ceci par sept fois. Sept est le nombre du corps psychique ou astral qui est en correspondance avec la septaine des planètes, avec les sept chakras principaux de l'être humain et aussi avec le déroulement du temps. Le corps astral prend appui sur la respiration et donc sur l'élément de l'air, lui-même ouvert aux influences cosmiques des sept *planètes* de la Lune à Saturne en passant par le Soleil au centre. Ainsi, pour résumer le processus thérapeutique, le fait de respirer cet *encens* de foie et de cœur de poisson a pour effet de rétablir l'harmonie. Cela stimule en effet le corps psychique déréglé pour le rendre perméable et recevoir de manière juste le principe organisateur du Moi. Il faut aussi que le soignant et le malade s'investissent avec sérieux et confiance dans l'ensemble du processus.

– Tu es vraiment un chamane extraordinaire, doublé d'un fin connaisseur du psychisme et des astres !

– Si tu veux… Il s'agit seulement de voir le juste rapport qu'il y a entre les constituants essentiels de l'être humain, les règnes de la nature et aussi le cosmos. Tout est lié.

– Mais le fiel sur les yeux ?

– Toute lumière a son ombre, et elle est nécessaire aussi. Le Moi en a également besoin, afin d'être conscient ; la conscience en effet repose sur une dynamique de déconstruction. Ainsi les organes sensoriels, notamment les yeux, sont dévitalisés, ils ressemblent presque à des appareils de physique. Au pôle métabolique le sang lui-même passe, au bout d'une centaine de jours, par un processus de mort, ce qui est nécessaire à son propre renouvellement. Le sang est tué-filtré par la rate et les produits de cette déconstruction sont ensuite dirigés vers le foie, puis concentrés dans la vésicule biliaire et enfin évacués vers l'intestin au bénéfice de la digestion, notamment des graisses, ces substances de chaleur. Il y a ainsi dans l'essence de la fonction biliaire une sorte de processus de mort et de résurrection.

Au pôle céphalique, en polarité avec le pôle nutritif, la déconstruction est prédominante, c'est un processus utile et nécessaire au fonctionnement du cerveau et des organes des sens. En appliquant le fiel de poisson sur les yeux malades, on suscite des forces de guérison car on renforce ainsi la déconstruction tout en apportant des forces vitales, par une sorte de processus homéopathique qui réveille et harmonise les forces formatrices.

– Euh ! Je comprends... sans vraiment comprendre.

– Pas de souci, il faut se méfier de comprendre trop vite, il vaut mieux laisser mûrir les choses, laisser sa part au mystère.

– Oui je comprends… je veux dire que je suis en chemin.

– C'est bien çà et le chemin que nous faisons dans la montagne est aussi un chemin vers l'intérieur.

Le chien attentif approuvait en remuant sa queue, une queue brun-roux avec un pompon blanc au bout qui savait exprimer beaucoup de choses. Rocki reniflait de la truffe toutes les odeurs de la terre, il était le gardien fidèle du lieu, et dans le même temps sa queue était une antenne qui pointait vers le ciel.

Le lendemain avant de se remettre en route, Zari poursuivit la conversation d'une voix à la fois sérieuse et amusée.

– Sais-tu mon cher Tobias, que Rocki mon chien est un passeur. Peut-être ne l'as-tu pas remarqué, mais c'est lui qui nous a menés en ce lieu précis sur le bord du lac où tu t'es baigné les pied pour te rafraîchir. Ce qui nous a permis ensuite de pêcher ce poisson dont nous avions besoin pour nos remèdes. Vois-tu, le chien est en lien vivant avec toute la nature. Il respire les odeurs, il ressent la qualité du sol, il a l'intuition de là où il faut aller pour la prochaine aventure. Il garde le troupeau ou accompagne le chasseur. C'est aussi un joueur : il se dresse sur les pattes arrière contre le tronc d'un arbre où est grimpé un écureuil, ou bien creuse la terre pour enterrer son os, ou bien encore il se roule dans la neige…. Anciennement loup sauvage, il est devenu le fidèle compagnon de l'homme, le fidèle gardien de la terre et de la maison. C'est un précieux garde du corps. Il nous invite à être bien présent, les organes des sens affûtés et le souffle ample et bien rythmé, accordé aux émanations subtiles de l'environnement visible et invisible. Fais bien attention quand tu promènes un chien, car il peut t'apprendre beaucoup de choses, à commencer par sortir de ta capsule introspective !

– Oui, Rocki est un chien magnifique, tellement affectueux.

– Il sait aussi montrer les dents si nécessaire. Le chien ne triche pas. Il ressent les choses vraies. Les minauderies ne sont pas son affaire, il va droit au but. Mais c'est aussi un fin psychologue ; en vérité, il ressent tout de suite à qui il a affaire.

Le temps passa à la fois calmement et intensément. Tobias marchait d'un pas ferme entre Zari et Rocki. Arrivé au terme du voyage, il voulut d'abord régler les affaires d'argent comme lui avait demandé son père, mais ceci sur une base de confiance conviviale plutôt que sous le joug abstrait et froid des documents légaux. Il est toujours bon de mettre de l'ordre dans les affaires passées qui, sinon, continuent insidieusement à nous mettre des boulets aux pieds. Puis, libéré d'un poids, il se rendit chez Ragouël comme prévu.

Ce furent de bonnes retrouvailles. Tobias, que Ragouël et sa femme avaient connu lorsqu'il était encore un tout jeune enfant, fut accueilli comme un prince. Ragouël le prit à part et lui raconta combien sa fille unique, Sara, était belle, sensible, et dotée de qualités de cœur très précieuses, mais aussi combien elle souffrait d'un mal récurrent que n'arrivait à guérir aucun docteur. Au cours de crises de mal-être angoissant, elle avait dû être hospitalisée déjà sept fois, avec un diagnostic de *trouble borderline* ce qui voulait tout dire et ne rien dire, hormis cacher l'ignorance des docteurs. Tobias fit sa connaissance et il fut tout de suite charmé par son étrange beauté, il y avait chez elle quelque chose de céleste mais qui n'arrivait pas à prendre appui sur le corps. Et Sara ressentait cette faille d'une manière si angoissante, si insupportable qu'il fallait l'enfermer pour la protéger d'elle-même. Il y avait déjà eu sept hommes pour s'intéresser à elle, mais sans la comprendre vraiment et ils étaient tous repartis ne sachant pas que faire pour faire face à ses problèmes, et aussi à tout ce qui les remettait en question eux-mêmes.

Lors d'une sieste familiale, chacun dans un hamac tendu entre deux palmiers dans un beau jardin parsemé de roses, Tobias fit semblant de dormir, apprêta un feu et fit rôtir sur un gril le foie et le cœur du poisson comme Zari l'avait prescrit. La jeune femme dormait tout en respirant doucement ces effluves qui la touchaient jusqu'au tréfonds de l'âme. Elle fit un rêve qui l'emmena voyager dans les sept sphères planétaires, et à chaque étape Zari, qui était en fait l'ange Raphaël, l'archange de la guérison l'attendait, l'accompagnait et la confortait dans le profond mouvement de métamorphose qu'elle traversait. Un pont souple et solide entre son âme et son corps, s'établit progressivement au rythme de son souffle, désormais ouvert et réceptif à l'instance de son Je.

C'est ainsi que Sara se réveilla guérie, c'est-à-dire non pas normalisée, mais globalement transformée, à la fois toute autre et bien d'avantage elle-même, toujours sensible et délicate mais non plus fragile ni mal incarnée. Le chien Rocki en jappait de bonheur et remuait la queue en tous les sens pour lui faire la fête.

Tobias ne s'était pas encore aperçu que Zari n'était plus à ses côtés. C'est seulement quand par la suite Sara lui raconta son rêve qu'il comprit que c'était un ange.

Il y eu une belle fête à la maison de Ragouël, certains anciens prétendants se manifestèrent à nouveau mais Sara n'avait d'yeux que pour Tobias. Ce dernier prit congé, le chien Rocki l'attendait sur le pas de la porte et ils firent route ensemble, fidèles au but mais aussi attentifs à chaque pas, chaque bruit, chaque odeur, attentifs aux écureuils gracieux comme aux sinistres taupes, ces fossoyeurs aveugles mais utiles qui font respirer la terre.

Le vieux Tobit reconnut son fils à son pas bien avant que celui-ci lui parle et le tienne dans ses bras. En tant qu'aveugle, il avait développé une ouïe très fine et aussi l'ébauche d'une vision intérieure. Tobias lui appliqua sur les yeux l'onguent confectionné avec le fiel du poisson et Tobit recouvrit en peu de temps la vue. Non seulement la vue, mais une autre vision des choses. Il comprit que son fils avait un chemin tout différent du sien et qu'il lui fallait renoncer à ce qu'il continuât ses propres affaires. Il devint aussi plus attentionné envers sa femme, plus disposé et généreux envers son entourage. Et il mourut paisiblement quelques mois après.

Vous avez deviné que Tobias avait retrouvé Sara, puis l'avait prise pour femme. Mais cette fois, il l'avait fait de tout son cœur et de son libre vouloir et non pas en fonction du conseil paternel et passant outre les mises en garde des critiqueurs de service. Ils vécurent heureux ensemble avec le fidèle Rocki pour garder la maisonnée. Raphaël veillait aussi dans l'invisible sur toute la famille.

Et moi je me demande si Tobias, pour accomplir sa mission, n'avait pas eu autant besoin de ce brave chien fidèle aux choses de la terre, que de l'intercession céleste d'un ange. Je m'interroge également si, dans sa démarche un peu forcée au départ pour guérir les autres, Tobias ne s'était pas ainsi guéri lui-même ?

III. TEXTES VAGABONDS

*De choses et d'autres,
aphorismes impertinents*

1. Les âges de la vie

Bateau de papier

Un ruisseau d'ombre et de lumière fait chanter la campagne. Il dépose au secret, parmi les mousses tendres, une lettre fleurie.

Un paquet d'eau trouble, charrié par le vent du nord, vient déverser violemment une charge de souvenirs blessés, de craintes inavouées et de rêves meurtris. La lettre se plie, se déplie, se replie, elle se transforme en bateau de papier. Mais elle est trop vulnérable pour résister aux remous tourmentés de la mémoire. Elle sombre dans les flots, emportée par un tourbillon sauvage.

Après un tel naufrage, un tel périple dans la profondeur et la boue, dans la tourmente, la détresse, l'impensable, le bateau refait enfin surface, trouve un port sur la rive et se sèche au soleil. Il n'oublie rien des épreuves si péniblement traversées.

Voilà qu'il lui prend l'envie d'écrire à même sa propre carcasse de papier. Il se propose de décrire honnêtement sans que rien ne soit effacé, rien d'enjolivé. Toutefois les courants de la mémoire se mêlent à ceux de l'imaginaire, et l'histoire tout en restant la même fait peau neuve. D'être racontée, elle a pris du recul, de la sève et de l'épaisseur ; elle est a pris de la force sans renier ses zones sensibles et vulnérables, elle est devenue plus profonde tout en gardant aux lèvres l'écume de l'humour. C'est une histoire intime qui s'offre à tous les mariniers qui s'apprêtent au voyage. Une histoire qui chevauche les vaguelettes du ruisseau, de la rivière, puis les courants puissants du fleuve et s'apprête à affronter l'aventure toujours incertaine et les périls de la mer.

Peut-être y aurait-il aussi, blotti dans un recoin du port de votre boite aux lettres, un bateau de papier qui vous attend, et qui a besoin d'un matelot pour compléter l'équipage ?

Le passeur

C'est curieux, on ne voit pas passer les ans et un jour on se retrouve déjà « un vieux », par surprise en quelque sorte ! Le temps devient alors plus calme et plus riche, plus subtil et plus substantiel. Bien sûr, cela ne va pas toujours sans quelque angoisse mais c'est aussi un tel malaise qui rend le temps plus précieux. La fleur se fane, libère son parfum et mûrit ses graines.

La mémoire est à la fois oublieuse et profonde. Elle vient à nous comme une étrangère, souvent dans son habit d'enfance. Elle nous surprend alors et, entre larme et sourire, s'en vient à contre-temps, bousculer nos habitudes.

Le chemin se dirige gravement vers le jardin aux sombres cyprès ; mais il se plait encore à jouer et rire parmi les buissons d'aubépine avec les camarades de classe, les personnages de contes et les lutins malicieux au bord de l'invisible.

En feuilletant l'album de famille, nous prenons nos propres parents dans nos bras. Ils paraissent bien plus jeunes que nous sur la photo jaunie et deviennent ainsi presque nos enfants. On est à la fois plus sérieux et plus léger, plus attentif et plus distrait, plus sensible aux choses de la terre et en même temps plus détaché.

Et comme on ne peut plus faire grand-chose, il vient souvent le goût de raconter, d'écrire, de transmettre. Non pas pour étaler ses exploits ni se plaindre de ses rhumatismes, ni même pour maugréer à propos des temps dits modernes (il y aurait beaucoup trop à en dire et redire). Non pas pour ergoter ou radoter, ni célébrer d'un ton geignard le trop fameux « comme avant », ceci pour masquer la peur du « comme après ».

Mais simplement pour recueillir la rosée de la vie. Comme autrefois les alchimistes récoltaient la rosée du petit matin, où dans chaque goutte se baignait une étoile. Avec aux yeux une telle rosée imprégnée de lumière, chacun devient le gardien du temps qui passe et ne passe pas, chacun devient, souvent à son insu, un passeur d'images.

Un passeur de passage.

Le jeu de la marelle

Dis-moi le temps tu te rappelles, nous étions des enfants
Et nous jouions à la marelle avec des cailloux blancs.
Autant d'étoiles au sol noir de la cour de l'école
Et dont la trajectoire est une course folle.

Nous étions sans savoir d'étranges « Petit Poucet »
Mais rien ne s'est perdu de ce qu'on dit passé
Grâce à nos cailloux blancs à nos cristaux de rire
Le chemin retrouvé continue de s'écrire.

Ont passé les saisons, tant de joie tant de pleur
L'arbre et sa frondaison ont changé de couleur.
Mais au fond du cartable empli de souvenirs
Palpite une lumière qui ne saurait mourir.

Elle emporte le temps, le tirant par la manche
Et c'est toujours le temps de l'école buissonnière.
Un ruisseau ombrageux parsemé de lumière
Roule ses cailloux blancs au pays de l'enfance.

Les pas

Autrefois le pas était plus vif, plus agile et parfois sautillant. Il est désormais plus lent, plus calme et parfois hésitant.

Aussi plus attentif et plus reconnaissant envers la terre qui nous porte et supporte.

Le chemin chantait sous le pas et ouvrait les lointains. Désormais prend courbure, s'enroule silencieux en spirale d'escargot, tout au dedans

Et c'est aussi belle aventure d'aller à la rencontre de soi-même comme un autre, et de rencontrer l'autre comme un soi-même.

Invisibles et présents m'accompagnent mes défunts, celles et ceux de l'ailleurs sur les tréteaux vivants de la mémoire.

Je leur parle d'une langue muette mais sensible et généreuse, et je m'en vais calmement vers eux.

Le pas serait bien lourd, n'était ce bruissement d'ailes.

Le vieillard

L'homme d'âge, qu'on dit le vieux, en pensant inutile ou même pire, le dos courbé laisse encore deviner l'élan d'une noble stature où toute pesanteur s'allège.

Encore plus vite dit le lièvre, l'ancien ralentit le pas. À son visage des fenêtres se ferment, d'autres s'ouvrent. Sa vue se trouble, est sans doute incertaine, mais son regard d'étoile éclaire le chemin.

Et s'il n'entend plus guère, il raconte des histoires qui prennent vie dans le cœur des enfants.

Tandis qu'une fée malicieuse, cachée au fond du cœur, file à la quenouille

Les fils d'or et d'argent du destin.

À contretemps

On ne sait plus qui d'âge en âge

Est le vieillard ou bien l'enfant

Qui est le vent, qui le nuage

Qui est rayon ou firmament.

Quel est le fol, quel est le sage

La vie se danse à contre-temps

Sur le ponton d'un long voyage

Dont la fin est commencement.

Navires échangent leurs sillages

A l'horizon de l'océan

On ne sait plus qui d'âge en âge

Est le vieillard ou bien l'enfant.

Pèlerinage

De l'étoile à la naissance, de la naissance à la petite enfance et de l'enfance à la jeunesse.

De la jeunesse à l'âge d'homme, de l'âge mûr à la vieillesse, cette nouvelle enfance.

De la nouvelle enfance à ce vaste portail que la lune entrouvre plus ou moins.

Et puis le grand voyage dans le ciel intérieur.

Et comme rien ne se perd et qu'il faut bien équilibrer les choses et apprendre de nouvelles leçons

Il nous faut reprendre le cartable et retourner à l'école.

Jouer à cache-cache avec la lune, à un-deux-trois soleil

Et lancer nos billes tels des cristaux d'étoiles.

Aller-retour

Il est né l'enfant, bienvenue sur la terre ! Où pour apprendre les leçons, il faut bien, jour après jour, payer son tribut au douanier de la mort.

Il est mort le vieillard, bienvenue dans le ciel ! Où sans corps, assumant le destin, il faut bien, nuit après nuit, réapprendre à vivre.

Rire et pleur, jeunesse et vieillesse, lumière et ténèbres se repoussent et s'attirent, afin de peindre les couleurs de l'âme.

Et porter le fardeau joyeux de la vie.

2. Pour une écologie poétique

L'écologie est à la mode aujourd'hui, ce qui est bien, à condition que ce ne soit pas seulement une mode ! Elle est trop souvent récupérée par les politiciens voire les industriels des grandes marques, ceci au risque de devenir un concept creux, de la poudre aux yeux. Un prétexte pour que tout change…en ne changeant rien véritablement. Écologie, ce terme vient du grec, il veut dire « science de la maison ». De la maison-terre, la maison-nature, la maison qui nous porte et supporte. Une maison malmenée, exploitée à outrance et salie, polluée…Tout en saluant les efforts accomplis par certains agriculteurs et autres gens de jardin, par le wwf et autres associations protectrices de l'environnement, il n'y aura pas d'écologie véritable sans une *attitude de connivence poétique* avec la nature et toutes les créatures.

Attente

La nature attend

Elle est patiente, elle attend que je la voie vraiment, que j'écoute ses bruits, et son silence, que je perçoive la danse, le rythme de son chant, que je hume tous ses parfums, me baigne les pieds dans son ruisseau d'herbes tendres et de cailloux pointus.

La nature attend

Que je la respecte vraiment, que je ressente avec elle, que je me réjouisse auprès d'elle, que je perçoive aussi sa souffrance muette, tout en gardant le pas ferme, déterminé, joyeux. Que je la regarde, étonné, émerveillé, tout en me sentant moi-même accueilli et regardé.

Elle attend

Que je me taise vraiment, pleinement attentif, pour percevoir la danse furtive d'une biche à la clairière, ou bien l'envol d'une tourterelle. Pour être digne de la fonction de gardien de la vie et de porte-parole de toutes les créatures visibles et invisibles.

Elle attend

Une histoire, un poème qui laisse parler les pierres, les plantes, les arbres, les animaux, laisse chanter les oiseaux, les ruisseaux et les violons du vent sauvage. Elle attend une parole qui réponde à sa complainte, une musique de mots qui sonne clair, profond et vrai.

La nature attend

Homme, que tu te rendes compte à quel point tu es malade ! Que tu te soignes d'abord toi-même, que tu respires enfin poitrine ouverte au lieu de te laisser étrangler par toutes les prétendues injonctions de la société. Que tu apprennes à observer, ressentir et penser le vivant, dans toute sa variété et son pouvoir de métamorphose. Que tu t'engages à épouser le mouvement rythmé et lumineux de la vie. C'est qu'il te faut devenir sensible et vivant toi-même avant d'apprendre à panser les blessures du monde.

Ne cherches-tu pas à soigner et à embellir ta propre maison ? Et que fais-tu de la maison-terre qui la porte ? La nature est en souffrance. Généreuse et patiente, elle attend. Saurait-elle attendre encore bien longtemps ?

Le colibri

« Quand il y eut un énorme incendie prêt à dévaster toute la forêt, les animaux se sont rassemblés et entendus pour aller chercher de l'eau, chacun selon ses moyens, afin d'éteindre les flammes menaçantes. Comme le petit colibri amenait seulement, une par une, quelques gouttes d'eau dans son bec, certains animaux bien plus puissants que lui s'en moquèrent. Le colibri continua calmement son travail à sa manière en disant simplement : « je fais ma part ».

L'espoir n'a pas toute sa raison, n'essayez pas de comprendre.

Grimpez sur son dos de dromadaire et traversez le désert des criticailles et des habitudes bien-pensantes.

Regardez ce qui crève les yeux, pas seulement le béton guerrier emprisonnant le monde, mais aussi les mains désinfectées bien crispées dans vos poches, la muselière sur votre bouche et la bosse d'angoisse qui courbe votre dos.

Si vous croisez misère et encore plus misère, ne faites plus semblant de ne rien voir, mais taillez votre cœur en lanterne, entrez donc dans le tunnel et avancez de pied ferme. Le noir a aussi sa lumière.

Par nature humble et doux, chante le poème. Mais que l'on soit un politique, un promoteur, un banquier ou un simple « sniper » de salon, il pointe gravement sa lance de papier.

Et c'est parmi les trous d'obus qu'il recueille la rosée pourpre de la paix, et dans le coin obscur où saignent les grenades, il voit déjà pousser tout un jardin de roses. Invisibles encore sous leurs paupières blessées, elles attendent pour éclore un geste de guérison des hommes.

L'espoir n'a pas toute sa raison, mais il est tenace et aura raison de tout. Il a simplement besoin de ceux qui n'ont pas renoncé à faire le *petit boulot de colibri.*

Une petite fleur

Une petite fleur, message pour l'inconnu à la dérive du terrain vague. Humble et tranquille parmi le vacarme assourdissant et la laideur des blocs de béton, elle prend sa clarinette et chante du bout du cœur au bout des lèvres, avec force et douceur inlassablement. Elle rit dans les yeux des enfants, sourit dans ceux des vieilles gens, rayonne de chaleur aux vraies poignées de main.

Est-il magie plus simple plus étonnante de sentir sa corolle à cheval sur le vent rayonner son parfum sur toute la contrée ? Une petite fleur salue humblement la terre froide et sombre, elle déploie son chapeau de lumière. Elle nous fait signe et sans reproche elle prend sa clarinette silencieuse pour lancer son appel.

Saurons-nous bien l'entendre, oserons-nous y répondre ?

La ronde des éléments

Dans les crânes bien lisses et trop usés, un sinistre mélange de formules abstraites, de messages électroniques et de particules de peur a fait croire qu'on ne pouvait plus librement vivre ni penser.

Et pourtant un appel retentit au cœur du cœur : « Homme, laisse butiner ton regard, vénère l'eau, l'air, la terre et le feu créateur. Danse le vol des oiseaux, peint le visage du monde, et sois le joaillier des étoiles.

« Homme, reconnais la magie du nombre d'or inscrite en toute créature. Bâtis ainsi maison ou cabane, simple village ou vaste cité » C'est ainsi qu'Orphée, en jouant de la lyre, savait pénétrer le cœur des choses au point de faire se lever les pierres. Ainsi chaque cité offrait-elle une place en beauté, un lieu de rencontre joyeuse et un temple pour la lumière.

Oui, si l'homme toujours apprenti, pouvait à nouveau entrer dans la ronde des éléments, jardiner, soigner, chanter.

Et bénir la terre.

L'arbre dernier

Il entendit sans broncher le bruit de la tronçonneuse aux grosses dents de promoteur avide.

En clignant des yeux, il eut une vision de la forêt des ancêtres. C'était une forêt de contes. Elle sentait bon le parfum d'aventure, un ruisseau-troubadour en racontait l'histoire. Une histoire qui se mêlait aux souvenirs d'enfance :

« Souviens-toi. Un frisson nous parcourait l'échine. C'était le signal pour se mettre en chemin et grimper tout en haut de l'arbre, afin de pouvoir mieux contempler l'horizon par les yeux du cœur.

« S'il arrivait de rencontrer une sorcière ou bien un magicien posant ses pièges, on glanait des petits bouts de bois, des petits bouts de ruse, des petits bouts de rêve pour construire une cabane enchantée. On était tout-petits et si faibles, mais forts et audacieux dans les bras de la providence.

« Comme nous l'avons aimé cet arbre ! Il nous faisait ses confidences dans ses ombres les plus secrètes ; ou bien, en secouant ses branches, il nous arrosait pour nous faire rire, c'était une bonne douche de pollens de soleil.

« Il savait aussi faire peur, notre arbre quand on grimpait tout en haut vers la cime, mais c'est ainsi qu'il faisait grandir. »

La forêt n'est plus qu'un mirage de pixels à montrer aux touristes sur un écran électronique ; et sur le sol bien goudronné, les voitures sont très bien rangées.

C'était l'arbre dernier. L'enfant a écouté son histoire avec bonheur et tristesse, puis il s'est endormi. L'arbre a déposé une pive sous son oreiller. Et cette pive a mûri quelques graines de rêve pour rejoindre en secret le grand arbre étoilé de la nuit.

Les rêves sont des graines.

Chute libre

Ivre de technique l'homme se dresse avec arrogance dans son nouveau tracteur électronique.

Il a renié son passé de sagesse paysanne, ne connaît plus sa propre histoire, ignore son voisin, ne parle guère à ses proches, ne sait plus nommer ni caresser ses bêtes. De paysan, l'homme du pays, il est devenu exploitant agricole, et il est lui-même exploité par le système des banques et de la grande distribution. Il ne se rend pas compte dans sa folie abstraite que, découpant la branche sur laquelle il est assis depuis des siècles, il se trouve désormais sous des apparences confortables *en chute libre vers le futur*.

Le parachute s'effiloche, il ne peut plus servir ; il faut apprendre à déployer les ailes.

Patience

Une rose invisible, au souffle parfumé, murmure au creux du vent :

« Homme, observe et reçois la leçon de patience de la terre, accepte les cailloux, les orages, les limaces et autres pucerons, Chacun est utile et a sa raison d'être.

« Renonce au prétendu bonheur sur catalogue, ne te laisse pas emporter par ce tourbillon de réclames et de slogans saturés de mensonges.

« Prend donc racine au sein même du fumier. Tu en trouveras autour de toi comme en toi ! Avec patience et sans rien renier, il te faut composter tous les éléments de la vie. Sans lutte, sans résistance, point de force, point d'élan nouveau, point de joie ni de liberté.

« Ainsi tout comme moi – poursuivit la rose – pourras-tu faire ton bois au rythme des saisons. Il faut aussi te munir d'épines pour t'affirmer et te défendre. Enfin tu pourras lancer droit vers le ciel ta colonne de lumière, déployer ta corolle et faire la cour aux abeilles.

« Il te faut lutter avec rythme et patience, ce qui ne veut pas dire sans engagement, sans force ni courage. C'est une lutte ardente mais pacifique. D'une patience impatiente, c'est l'autre nom de la confiance. »

La légende de la vieille ville

Il fait froid tout-à-coup en ce matin d'automne dans les rues de la Cité sur la colline qui domine Lausanne. Le pas se fait alors plus ferme, plus pressant, plus rythmé. Les pierres qui dallent le sol se resserrent autant qu'elles le peuvent, pour se tenir chaud et se raconter de bonnes histoires. Certaines se réfugient sous une couverture de mousse, et se préparent à hiberner bien emmitouflées dans un rêve de printemps.

Les yeux prennent leur envol parmi les feuilles mortes que la lumière d'automne cisèle et peint avec grâce en hommage aux dons généreux de l'été. Les mains grattent le fond des poches pour tromper la solitude et quêter quelques brins de chaleur. Le cœur se met en boule et ronronne comme un chat, le souffle se fait plus tonique et augmente le tirage du poêle. Le nez se transforme en cheminée et la fumée qui en sort se mêle en jouant aux brumes matinales.

Des vagues sonores puissantes déferlent depuis l'orgue sur le quai du parvis de la Cathédrale, enjambent la petite place, renversent la digue de la balustrade et répandent enfin leur écume grondante sur le toit des maisons de la vielle ville, pareils à des barques renversées. Certains rêves en errance sont aussi emportés par cette musique océanique avant de faire naufrage ou de s'envoler rejoindre leurs nuages respectifs.

Le calme revenu, je reviens à moi-même, un peu étourdi, désorienté. Ce paysage je le connais bien.

Du moins je croyais le connaître. Je m'y promène assez régulièrement depuis une trentaine d'années. Mais à l'orée de mon départ, je le découvre pour la première fois. Il vient me parler dans son langage de bruissement et de silence, de lumière et d'ombre, d'histoire ancienne et de réalité présente. Ce quartier, je ne l'habite pas et pourtant il vient m'habiter Il me fait signe. Il a besoin d'un scribe et je vais me prêter de mon mieux à cette fonction devenue presqu'obsolète dans le torrent journalistique actuel toujours en quête d'évènement sensationnel.

La Cité prit la parole : « Malgré de nombreuses attaques du monde dit moderne, je suis restée un petit coin de moyen-âge. Mes maisons se donnent la main, se tiennent chaud, échangent des propos tout simples, de fenêtre à fenêtre, de brique à braque et de cœur à cœur. Les gens ont des petits conflits mesquins et racontent quelques médisances comme partout bien sûr, cependant une connivence amicale serpente encore dans les ruelles. Celles-ci sont sur-mesure, à dimension et pointure humaine, les piétons y sont rois, les vélos pour « petites reines » et les voitures pour circuler doivent demander une permission exceptionnelle. Il y a de la chamaillerie, de la criaillerie sans doute mais l'entr'aide y est naturelle sans prospectus ni quête de prétendu intérêt publique. On vous l'offre généreusement emballée d'un sourire malicieux et bienveillant.

« Si tu passes sur la placette qui est le cœur de mon quartier, fais donc tranquillement le tour de la fontaine. Savoure le temps qui s'écoule avec volupté comme l'eau de la fontaine au rythme de l'horloge mécanique animée par des personnages en costume de mon temps. On les dirait vivants à leur manière. Je te laisse flâner à ton gré, regarder les vitrines des artisans, les étalages de fruits et légumes, les bistrots ; je te laisse écouter les musiciens de rue et les enfants qui gambadent autour en sautillant comme des écureuils.

« Donne-toi le temps de perdre ton temps, c'est autant de gagné ! Et moi la vieille ville, telle une grand-mère généreuse, je te donnerai en retour, tout en te laissant libre, l'envie d'anoblir par ta présence attentive chaque endroit où tu passes et passeras. Ceci non pas d'une manière rétrograde en pestant contre les nuisances de la vie moderne, mais en pensant à tous les artisans qui ont donné de leur joie et de leur peine pour construire ma Cité, et en remerciant pour tant de savoir-faire, tant de savoir être, tant d'amour, de beauté et de soin de la vie.

« De plus, et je n'ai pas eu besoin d'insister, malgré leur pauvreté, leurs soucis, leurs conflits, tous ont eu à cœur de construire une cathédrale pour magnifier et protéger ce lieu, pour l'ancrer dans le ciel autant que sur la terre. Ils ont gravé leur mémoire dans un livre de pierres, et il se pourrait bien qu'une telle mémoire soit un ferment pour l'avenir, à tous ces artistes et artisan inconnus, un grand merci. »

C'est dans une sorte de demi-rêve que j'ai essayé de transcrire la voix de la Cité. Je me retrouve à nouveau sur le parvis de la cathédrale. Des personnages sortent de l'église après l'office, fiers de leurs beaux costumes et croisent, indifférents ou vaguement apitoyés, quelque mendiant. Des pigeons montent à tire d'ailes sur les toitures et y déposent distraitement leurs fientes. Des jeunes gens font brailler une musique criarde au rythme de marteau-piqueur. Des tags rageurs maquillent certains vieux murs, tandis que des traces d'avion lacèrent la peau du ciel.

Il y a de la tension dans l'air, une inquiétude, un malaise palpable, une attente angoissée. L'opulence côtoie la misère, le sacré le profane, le calme le vacarme et l'harmonieux le sordide. Au loin s'étale la laideur fatiguée des faubourgs.

Plus loin encore le Mont-Blanc veille fidèlement, telle une cathédrale de neige, sur le Léman. Et au pied de la colline la légende de la vieille ville murmure d'une voix douce et puissante.

Elle honore le temps tout comme la montagne magnifie l'espace.

3. Promenade philosophique impertinente

> *Ces réflexions, au caractère parfois provocateur, ne prétendent à aucune position philosophique ni scientifique solidement établie ; elles n'engagent, avec un brin d'humour et de malice, que leur auteur.*

Rosée de mots

A l'aube, la rosée, picorée de chants d'oiseaux, donne à boire son suc d'étoiles aux herbes de la prairie. Et c'est à nouveau le premier matin du monde. De même, quand la parole se lève, quand elle s'exprime avec clarté, profondeur, harmonie, force et courage et par surcroît avec un brin d'humour pour être sérieux sans faire sérieux ! L'imprimerie, les ordinateurs, les messages et slogans enregistrés pourraient faire oublier tout cela. On ne s'écrit plus, on s'envoie seulement des mails ou des textos, on ne se parle guère quand la tv fonctionne quasi en permanence etc… On ne lit guère et parfois seulement les magazines. Toutefois certaines personnes s'obstinent à se baigner dans le flux de la parole dite/écrite, dans ce flux rythmé porteur de sens et de poésie, de recherche et de fantaisie, de forces plastiques et musicales.

L'écriture n'est pas un *canal d'information* mais un ruisseau sinueux à la fois simple et mystérieux, familier et surprenant, Ce n'est pas un reportage ; ce n'est une analyse au microscope psychologique, ce n'est pas la vie dramatisée à l'excès d'un thriller et enfin ce n'est pas l'étude scientifique (ou prétendue telle) de données par des algorithmes abstraits.

Ce n'est rien de tout ça, c'est une flânerie, un détour, un mystère. Un détour pour aller droit, une rêverie pour s'éveiller, un superflu en quête d'essentiel.

Le détour sensible et patient par la beauté s'avère être le plus court chemin vers la vérité. Les mots retournent ainsi à leur origine, à leur pouvoir magique, à leur source vive. Une source toujours neuve, transparente et guérissante. Toute créature ainsi nommée reçoit un germe de métamorphose, un soin de l'âme, un élan de renouveau. Comme ceci se déroule d'une façon fort discrète, on y prête le plus souvent peu d'attention.

La parole que nous proférons nous engage (elle peut guérir ou blesser) et elle nous porte aussi (car elle tient bon par en dessous et nous éclaire par en-dessus) ; ceci d'une façon magique c'est-à-dire *naturellement surnaturelle.*

À l'aube toujours nouvelle, l'homme cueille la rosée des mots, celle qui donne vie à la parole.

Silence

Le silence n'est pas l'absence de parole mais son envers fécond et mystérieux. C'est du silence profond de la nuit que jaillit à l'aube une fontaine de chants d'oiseaux. Et c'est seulement, après cette toilette musicale, que surgira la clarté du jour.

Ancienne et pourtant toujours renouvelée, toute parole véritable, pour éclairer, vient naître du silence obscur de la nuit.

Jumeaux

Comme on vient de le dire : Parole et Silence ont besoin l'un de l'autre, sont même des jumeaux. De même pour la mémoire et l'imagination, la tragédie et la comédie ; le conte et la philosophie, L'auteur et le lecteur ?

Ainsi un livre ne peut vous apprendre que ce que, sans le savoir, vous saviez déjà. Vous êtes son jumeau. Sinon il ne vous intéresserait pas.

Partage

Écrirait-on si on savait vraiment vivre ? Pourrait-on vivre sans écrire ?

Lettre de soi à soi pour l'autre absent-présent.

Ne plus faire semblant d'avoir compris, seulement questionner. Sans attendre de réponse. Jouer avec les mots, les images, les idées, s'émerveiller, se laisser surprendre et tournebouler.

Écrire pour s'échapper de la tyrannie du réel, tout en étant davantage présent et sensible alentour. Pour mieux savourer les visages, les voix, les regards, les paysages. Pour faire de tout vécu une rencontre.

Écrire, c'est confier une pelote de laine, où mémoire et imagination sont enchevêtrés, aux bons soins d'un chat de bibliothèque ! Et dérouler patiemment le fil. Le tresser avec d'autres glanés de ci, de là. Façonner un filet pour la pêche. Toujours miraculeuse.

Écrire pour se tenir droit tout en roulant sa bosse.

Écrire c'est lancer une bouteille à la mer. Et devenir ainsi complice de l'univers où « tout est écrit ». Une chance sur mille que le message soit reçu, une chance précieuse et risquée tissée de lien et de partage.

Chacun est à la fois la plume noire, la page blanche et la trace mouvante qui l'emporte, le transforme et l'écrit.

L'idée

Souffle le vent, l'idée lance une flèche transparente, taille une brèche, lance un pont.

Zeus a mal à la tête : il se donne un coup de hache sur le crâne. Ainsi naquit la déesse de la sagesse : Athéna, qui à son tour donnera son nom et sa renommée à Athènes, la ville des philosophes par excellence.

L'idée ôte le masque, se nourrit de surprise, suscite l'aventure de la pensée. Au sortir de la caverne aux ombres troubles et mouvantes, la voici toute simple, toute nue, impertinente. Un cristal de pensée.

Ce n'est qu'une idée, du vent peut-être selon vous ? L'idée véritable tend vers l'idéal. Elle ne se contente pas de proposer, de critiquer, de gratter les neurones. Elle vient tendre les muscles de la pensée, attiser le feu du cœur, inciter les mains à l'ouvrage.

Elle n'abolit pas les contradictions, mais jette un pont de lumière entre les rives obscures et invite à pousser librement, plus loin et plus haut, l'aventure de la vie.

Intellect

Un bon serviteur mais un mauvais maître.

L'intellect est prodigieusement rusé et efficace et, dans son domaine, son pouvoir est quasi illimité, Mais il procède d'un bois mort qui a perdu sa sève et s'est endurci. L'intellect est le cadavre de l'arbre vivant de la pensée. En tant que tel il peut engendrer la destruction, la mort.

À l'extrême, devenu le « cerveau » comblé d'artifices d'une machine, il remplace l'homme, abolit toute morale au profit d'une folie hyper-rationnelle, ivre de sa propre technique.

Sans rime ni raison

Achète un dictionnaire de rimes, lance-le par la fenêtre. S'il ne vole pas tu as bien fait.

S'il vole, voilà qui est parfait. Permet aux mots sans artifice de chevaucher le vent à la manière de Pégase.

Mais toi le poète qui prétends, au son de ta lyre, survoler la comédie, n'oublie pas tes gros sabots.

Un conseil

Qu'il est pour une fois conseillé de suivre : ne tenir compte d'aucun conseil et faire avant tout ce qu'on aime. Même si cela coûte. Et dans tous les cas aimer ce que l'on fait.

Chercheur d'or

Spécimen humain assez rare qui, tout en restant lucide, s'obstine à chercher dans la boue du quotidien la moindre pépite d'or, le moindre germe de soleil.

Poète qui, au lieu de projeter son ombre sur les autres, s'efforce d'éclairer le chemin, grâce à la collaboration gracieuse de certains vers-luisants qui, tout en rampant sur la terre, restent accrochés aux étoiles.

Homme simple mais plein de bon sens et surtout généreux s'efforçant d'effectuer son travail avec conscience et un brin de créativité personnelle, ceci malgré les circonstances souvent difficiles voire absurdes de la société actuelle.

Bref un chercheur d'or, quelles que soient les circonstances et sans attendre le terrain prétendument favorable.

Poésie

Poésie n'est pas seulement écrite sur un bout de papier noirci. C'est une attitude générale, une façon d'exister, une sensibilité à la fois simple et subtile, joyeuse et douloureuse, calme et alerte, transparente et secrète et qui, tout en collant au monde visible dans ses moindres détails, pressent et révèle à sa manière le lien de toute chose avec le monde invisible.

La poésie retrousse les gants du réel, elle s'efforce de dénicher sous l'écorce de l'apparence, la sève rythmée de la parole des origines.

Et si certains considèrent que la poésie est artificielle, compliquée ou mièvre, et qu'elle n'a pas de sens, d'autres ressentent qu'elle est une nourriture essentielle, une force, et une magie.

L'oiseau chante avec la gorge et le bec, le poète avec les mots. Les deux ne servent à rien ! Mais que serait l'aurore sans oiseaux-chanteurs, que serait le monde sans la poésie ?

Conte

Dans un conte tout parle et toute parole est action. Un rocher nous dit la voix des pierres, chargée de mémoires et de chemins. Une branche nous prend par la main pour saisir la lumière. Un écureuil fait danser sa lanterne de fourrure sauvage et, bousculant nos habitudes, allume dans la grisaille le feu de notre propre fantaisie. Les oiseaux nous rapportent en chantant des nouvelles de l'âge d'or. Et le silence même est une bibliothèque d'odeurs et de signes mystérieux. S'il vient à être brusquement rompu par le coassement d'une grenouille au fond d'un étang, ce peut être l'appel d'une princesse qui vous attend pour la délivrer de son enchantement… ?

Dans un conte, tout est à la fois évident et énigmatique. Toute discussion est superflue. Le conte ne nous invite pas à une interprétation mais à un engagement chevaleresque, à une participation risquée pour une aventure poétique à la fois intérieure et extérieure, présente et intemporelle.

L'enfant reçoit le conte avec la gourmandise de l'émerveillement c'est une tartine pour l'âme qui en redemande. Et l'homme sage découvre étonné, derrière le sourire transparent de l'eau claire, la richesse infinie de sa profondeur.

Biographie

La biographie est à la mode par nos jours et notamment l'autobiographie, qui est l'occasion d'approfondir son identité intime tout en la partageant ; ceci au risque d'un « nombrilisme » plus ou moins complaisant, provocateur ou vaniteux.

L'autobiographie de Goethe porte curieusement le titre suivant : « Poésie et Vérité » L'histoire de vie en tant que recherche de la vérité et découverte de la poésie. Quête assidue et authentique de la vérité humaine incluant la sensibilité poétique ; et pratique quotidienne de la poésie comme chemin vers la vérité.

Vérité prenant corps dans la parole. Poésie tissant un habit de beauté pour la vérité.

L'autobiographie de Goethe s'ouvre ainsi, par l'art, à l'universel-humain.

Science

La science est fascinante, prodigieuse, géniale même par bien des côtés et, en tant qu'usagers des machines qui facilitent le quotidien, nous lui sommes tous redevables. Toutefois la science est devenue progressivement un mode d'observation et de pensée orienté unilatéralement vers le matérialisme et la technologie ; à ce titre, elle opère comme un dogme au pouvoir absolu. Elle se coupe de la vie, de son lien avec les éléments et le cosmos, elle étudie les phénomènes en les coupant de leur contexte, de l'environnement et de ses rythmes ; elle analyse, découpe, recombine. C'est à ce titre *une science du cadavre*.

Par exemple on va trifouiller les gènes à coups de microphysique et de microchimie, sans se rendre compte qu'ils ne sont que des antennes et que le programme vient d'ailleurs, que les forces de vie procèdent de l'univers, du « monde éthérique » dont les lois se situent en polarité par rapport à celles du monde physique.

Il faudrait donc une voie d'approche différente dans le domaine de la biologie, qui ne tuerait pas le vivant pour l'étudier. Cela été inauguré, au dix-neuvième siècle par Goethe dans différents domaines, eux-mêmes en interaction : botanique, zoologie, minéralogie, étude de la lumière et des couleurs. Ceci grâce à une observation sensible et précise des phénomènes, alliée à une pensée claire, vivante, réconciliant précisément vérité et beauté, rigueur et poésie, technique et moralité (cf. les ouvrages scientifiques de Goethe – notamment « La métamorphose des plantes » ed. Triades, et les commentaires et approfondissements de Rudolf Steiner, principalement dans : « Goethe et sa conception du monde » ed. EAR)

Quant au plan psychique, on a beau faire des investigations neuropsychologiques et sociologiques, établir des questionnaires et des échelles, et bâtir de nouvelles théories etc., il reste toujours un mystère et heureusement. Sans parler du plan spirituel qui en est la source profonde et mystérieuse.

Bref, la science actuelle n'est ni celle de la vie, ni celle de l'âme, encore moins celle de l'esprit. C'est une science du cadavre et non pas du vivant, il faut bien voir cela en face. Il est donc malheureusement logique qu'une telle science aboutisse d'une part à la spoliation des ressources de la terre, aux différentes pollutions, à des troubles climatiques et à une perte de la biodiversité etc. Et d'autre part à la bombe atomique et autres machines à tuer (dans les arsenaux il y a de quoi faire sauter 100 fois la planète !)

Bien sûr comme déjà dit, la science a permis certains progrès techniques pratiques, utiles et confortables, et il n'est pas question de les rejeter en bloc, mais demandons-nous aussi quelles en sont les ombres portées, parfois sinistres et mortifères à court et à plus long terme ?

« Science sans conscience n'est que ruine de l'âme » annonçait prophétiquement Rabelais.

Contradiction ou complémentarité ?

Entre rigueur scientifique (prétendument objective) et sensibilité qualitative (critiquée comme subjective), entre prouesse technique et exigence écologique, rendement économique et respect de la vie. Entre tradition et innovation, Entre science et art, philosophie et poésie ; entre le masculin et le féminin, l'individu et la communauté, la ville et la campagne, l'éphémère et le durable, l'Occident et l'Orient... Creusons-nous des fossés ou jetons-nous des ponts ?

Contradiction, lutte sans merci, absence de vision à long terme et rejet de toute responsabilité... Ou bien complémentarité, fécondité, créativité ? L'avenir est en jeu dès à présent.

Inquiétude

Voulez-vous porter des lunettes roses et croire que le pillage de la planète et les aberrations socio-économiques actuelles peuvent ainsi durer longtemps ? Ou à bien à l'opposé, sombrez– vous dans le catastrophisme, la résignation, la déprime ?

Une autre pseudo-solution, encouragée actuellement par les politiques et largement diffusée par les médias, est la suivante : « C'est la faute au virus ! » Sans entrer dans la polémique, car beaucoup de choses sont floues voire occultées, n'est-ce pas prendre l'effet pour la cause et recourir au vieux principe du bouc émissaire ?

Je citerai à l'occasion le Dr. Albert Schweizer, à la fois médecin-philanthrope, théologien-philosophe et organiste de renom, qui, en d'autres circonstances, disait déjà : « Je suis pessimiste quant au diagnostic mais reste optimiste quant à l'action. »

Il me parait donc légitime d'être inquiet, ce qui ne veut pas dire irrité ou morose, activiste ou impuissant, mais garder les yeux grands ouverts sans lunettes roses ni noires. Inquiet dans le sens de refuser de mettre la tête sous le sable dans une quiétude illusoire et mortifère et ne pas rater la moindre occasion de se mobiliser activement dans une attitude vigilante et responsable, sans jouer au Zorro pour autant.

L'amour

On en parle beaucoup, et même beaucoup trop, avec très souvent une bonne dose de sentimentalisme, d'émotion débordante, d'impudeur et de véhémence démesurée.

Quand il est vraiment là, l'amour – chose rare en vérité – un simple regard suffit. Une attention, un silence complice, le murmure d'un ruisseau est son meilleur discours. Et l'éloignement même peut renforcer sa présence.

L'amour ? Moins on en parle et plus il est parlant.

L'amitié

Un critère précieux de l'amitié, c'est quand on peut tout se dire sans se sentir jugé, et qu'on peut aussi se taire sans que cela soit pesant. La qualité de l'échange mais aussi celle du silence est la mesure du lien entre les êtres.

Temporalité

Avec la tête on prend distance, on analyse, on calcule, on fait des plans. On est très souvent en retard sur le programme, on court après le temps… Mais c'est au rythme du cœur que se construit l'avenir.

« Les blancs regardent leurs montres ; nous, on a gardé le temps » (proverbe africain)

Images

Par les écrans de toute sorte, il y a une telle surabondance d'images qui nous propulsent à l'extérieur qu'il n'y a plus guère de place pour l'imagination qui vient de l'intérieur. C'est un monde de voyeurs-addictifs sans aucun pouvoir de vision. Sauf exception.

Pégase, le cheval ailé, je ne l'ai jamais vu…et pourtant il m'invite hardiment à de belles chevauchées !

Mouton

Animal paisible et soumis, fournisseur de laine, vivant calmement dans un enclos. Voilà qui est dans l'ordre de la nature.

Humain influençable et irritable, consommateur de gadgets inutiles, se connectant nerveusement en réseau (sorte d'enclos virtuel où on est censé communiquer sans rien mettre en commun). Espèce arrogante qui se croit d'autant plus libre qu'elle se comporte en mouton, sans fournir de laine chaleureuse pour autant ! Se prépare à quitter l'humain devenu par ennui obsolète pour préparer le transhumanisme ?

Cher homme-mouton – il m'arrive de l'être aussi, il faut donc rester vigilant ! – n'oublie pas que ta vocation est d'être un berger. Les pieds bien sur la terre et le front dans les étoiles.

Original

Je me baserai ici sur les propos de l'écrivain-dramaturge russe Anton Tchekhov que je retranscris librement à ma façon : « Dans ma jeunesse, j'étais plutôt gêné de me sentir différent, original, j'essayais plus ou moins de m'adapter à la société sans y parvenir vraiment. Maintenant, parvenu à l'âge mûr, et même si certains essaient de me coller une étiquette, je pense que tout homme véritable est un original. Plus un homme parvient dans son domaine à développer, soigner et chérir son caractère unique et vraiment original, plus il rayonne autour de lui une atmosphère qui invite l'autre à être également davantage lui-même. Être original en ce sens c'est être une origine. Plus je suis original, plus je suis universel… »

Tout autre chose que l'état formaté, suradapté et irréfléchi décrit précédemment (le mouton).

Enfance

L'enfant n'est pas un adulte en miniature. Il est pourtant, d'un certain point de vue, « le père de l'homme » et il l'accompagne au secret, la vie durant, dans toute émotion profonde, toute joie véritable, toute créativité. Non pas de manière infantile mais en préservant et nourrissant « l'esprit d'enfance ».

Parfois – sans parler ici de la tragédie de la maltraitance avérée – l'enfant devient, dès son plus jeune âge, un client intéressant du grand magasin de camelotes. L'adulte, croyant faire plaisir, achète ainsi l'amour qu'il ne sait plus donner lui-même par une présence attentive et adaptée aux réels besoins de son enfant.

L'enfer est pavé de bonnes intentions ! Il s'agit bien en fait d'une « maltraitance dorée, voleuse de rêve ». L'enfant, l'âme gavée d'artifices et d'écrans de toute sorte, ne sait plus vraiment jouer, ne supporte plus le moindre ennui potentiellement créateur, a perdu sa fantaisie poétique naturelle, sa joie de vivre. Il devient rapidement un petit consommateur capricieux, blasé et souvent surexcité. On lui a volé son enfance ! C'est une véritable escroquerie psychologique.

Par la suite il faudra bien des efforts pour rattraper un tel sacrilège.

Vieillard

Choix de société : Personne jugée obsolète et même encombrante. A parquer donc dans un établissement éloigné pour être enfin tranquille. Dans certains cas, encourager même le recours à « exit » pour être encore plus tranquille !

Ou bien homme/femme riche en âge et en expérience, personnalité digne, source de sagesse bienveillante, et gardienne du trésor des contes et des histoires.

Mort

Tout a une fin, tout se transforme ; ainsi tôt ou tard, la faux de la mort sera au rendez-vous. Question des questions, la mort, reste pour chacun mystérieuse et énigmatique quelles que soient ses connaissances, ses expériences et ses convictions profondes.

Le rosier s'élance feuille après feuille ; il accueille les coups de sécateur qui sont autant de « petites morts » nécessaires pour croître et fleurir. Quand vient le temps merveilleux de la floraison, commence déjà celui de la fanaison. A la fin il n'y a plus de rose, seulement un parfum que le vent emporte au loin. Toutefois le sourire parfumé de la rose est toujours là pour habiller le cœur.

« Tu as peur de la mort ? » « Bien sûr, comme tout le monde, quoi de plus normal ». « Mais « n'oublie pas de vivre » répond Goethe.

Et ne te plains pas sur le chemin des coups de sécateur !

Cendre et flamme

Une trace incertaine parmi les cendres essaye de se souvenir, d'apprendre, de comprendre. Un brusque coup de vent ; s'échappent des escarboucles. Et la poussière cendrée de reprendre enflammée la danse première.

Le feu réduit l'arbre en cendres ; mais un peu de cendre répandue convenablement au pied de l'arbre le nourrit et le soigne.

La flamme flamboie magnifique, puis redevient cendre. La cendre humblement couve un feu secret.

S'il est bon d'attiser le feu, il faut aussi rester prudent et ne pas oublier d'en recueillir les cendres.

Chien

L'homme est le maître du chien, qui en retour garde son troupeau, le protège et lui témoigne son affection. L'homme réfléchit beaucoup, se trompe souvent, le chien fonctionne à l'instinct, se trompe rarement.

En gros, l'homme a 400 fois plus de neurones corticaux, également de besoins et donc de soucis ; le chien perçoit 400 fois plus d'odeurs qui sont autant d'occasions d'explorer, de pister, de savourer joyeusement ce qui reste de vie sauvage encore aujourd'hui. L'homme est instable, volage, souvent ingrat. Le chien est d'une fidélité à toute épreuve.

Bien sûr, me direz-vous, ce n'est qu'un chien. Vous ne diriez plus cela si vous connaissiez vraiment ma chienne. Elle a son caractère, sa personnalité, ses petites manies. Selon l'écrivaine Colette, le chien est « un cœur entouré de poils ».

La tendresse et l'affection débordent du regard de ma chienne, de sa fourrure, de sa présence. J'essaye d'apprendre à ma chienne quelques tours, mais en fait c'est moi qui apprends beaucoup d'elle chaque jour. Je suis son maître certes, mais c'est le chien mon maître de bonheur,

Tobias a entrepris un long voyage dans le but de guérir son père devenu aveugle. Il fut accompagné en chemin d'un côté par un chien et de l'autre par un ange. N'avait-il pas autant besoin de l'un que de l'autre pour mener à bien sa mission ? (cf. plus haut la légende de Tobit)

Chatte

Elle ronronne parmi les livres ou bien s'étale nonchalamment sur le piano. Elle vient se frotter sur vos jambes ou bien grimper sur vos genoux pour se faire câliner. C'est une séductrice au regard enjôleur, une princesse de la douceur de vivre, une diva de langueur et de volupté ! Mais seulement à son heure et à sa façon, jamais selon votre propre désir ou besoin, elle tient à garder son indépendance.

Si vient à se risquer un souriceau naïf, elle bondit sur lui telle une petite panthère et prend un malin plaisir à un jeu cruel avant de vous l'offrir ! Vous pouvez apprécier le commerce mystérieux d'une belle chatte mais faites attention à ne pas prendre un coup de griffe et prenez garde à ne pas vous mettre dans le rôle du souriceau !

Chien et chatte

Dans la langue allemande on parle d'un chien « der Hund » et d'une chatte « die Katze » Ceci se réfère à l'allure et au comportement extérieur, masculin chez le chien et féminin chez la chatte. En fait la manière intérieure de vivre, de ressentir et de se relier à l'environnement se situe à l'opposé : La chatte (chat) reste indépendante, garde un côté impénétrable, une disposition à fuguer et à chasser ; le chien (chienne) une fois bien guidé, se lie avec affection et fidélité à son maître et défend le territoire. La chatte s'installe voluptueusement dans la maison, elle est enveloppée d'une aura suave et mystérieuse tout en restant prête à bondir sur une proie. Le chien veille sur la maisonnée et la protège, il aime à tenir un rôle de gardien, parfois bruyant, et le prend à cœur. Tout ceci est rapidement décrit dans les grandes lignes et, s'il faut se méfier de trop généraliser, on peut quand même reconnaître quelque chose de féminin à l'intérieur du chien (côté dépendant et protecteur, caractère affectueux et fidèle) qui contraste avec son aspect et son comportement extérieur d'allure masculine, parfois agité, aboyeur et bourru. Pour le chat c'est l'inverse qui se produit, la chatte, qui fait sa toilette interminable et se complaît à des minauderies, cache une petite panthère sauvage en son intérieur.

Rudolf Steiner nous donne une clé intéressante : le chien est masculin dans son corps physique mais féminin dans son enveloppe vitale (éthérique) et c'est l'inverse pour la chatte, féminine au dehors et masculine au dedans. En fait le chien et la chatte habitent à la fois notre maison extérieure et notre foyer intérieur. Ils font partie de notre sensibilité profonde, de notre manière d'être au monde, en un mot de notre âme. Cela peut être bon à savoir pour la connaissance de soi. On pourrait dire que l'homme-chien détient une petite chatte sensible à l'intérieur et réciproquement la femme, d'apparence charmante, douce et féline, un chien de garde déterminé. (tout ceci à nuancer bien entendu). On voit par exemple de gros costauds montrer une sensibilité surprenante, parfois même une émotivité débordante dans une circonstance apparemment anodine mais qui les touche en profondeur. Par ailleurs, des supposées faibles femmes savent si nécessaire faire preuve d'un grand courage intérieur en cas de coup dur. (Ceci, bien que d'un point de vue différent, est à comparer aux concepts quelque peu abstraits d'anima et d'animus de C. Jung)

L'important, me semble-t-il, est l'ajustement de cette petite ménagerie intime pour mieux se comprendre les uns les autres et aussi pour ne pas trop déborder soi-même dans un sens ou dans l'autre.

Il nous faut prendre soin des animaux, de nos animaux intérieurs également.

Présent

Il est important et même essentiel de bien vivre l'instant présent, d'être bien là, attentif, sensible et pleinement conscient. C'est devenu un concept à la mode aujourd'hui, et cette attitude est sans doute salutaire à bien des égards. Une telle conception insiste sur le fait d'évidence que le présent est le seul temps possible pour percevoir, ressentir et agir.

Toutefois que serait la sève d'une plante sans ses racines et sans son élan vers la fleur, la promesse du fruit, les graines à transmettre…On le voit bien chez certains immigrés, dits à juste titre déracinés. Coupés de leur passé, ils ont en fait bien du mal à être présents à eux-mêmes et à se projeter dans l'avenir.

L'homme enroule le temps dans sa mémoire vivante et le déroule dans son désir : dans son besoin de connaître, d'aimer, de construire, de découvrir, de créer, de s'engager dans un projet.

Dans la musique chaque note s'inscrit dans un ensemble, une mesure est issue des précédentes et appelle les suivantes. C'est la notion du phrasé musical.

Dans le voyage de la vie, le présent s'inscrit entre le passé qui le porte et l'avenir qui le transporte. Le tout se situe dans un ensemble rythmiquement structuré selon des périodes évolutives. Ce sont les phases musicales du destin.

À trop vouloir être uniquement dans le présent, on risquerait de partir à la dérive sans connaissance ni reconnaissance envers le passé et sans projet original et fécond pour l'avenir.

Soyons donc bien présent à chaque note, chaque accord, mais n'oublions pas l'ensemble de la partition.

Éternel/éphémère

Le sens de l'éternel permet de relativiser certains vécus tout en leur donnant du sens. Il permet de prendre du recul par rapport aux évènements, et libère ainsi l'éphémère du nœud crispé de l'anxiété. La saveur du présent fugitif n'en demeure pas moins précieuse.

Tout est éphémère, fugace, impermanent, nous ne possédons rien, même pas notre corps, il faudra bien le rendre au cimetière…Tout est fluide et en perpétuel mouvement de métamorphose. Nous ne pouvons retenir l'eau de la vie dans le creux de nos mains. Ainsi la rose, parée de velours pourpre, vit et meurt dans une flamme parfumée qui s'en va rejoindre l'éternel, son essence, la source de toute rose.

L'éternel donne de la force et du sens à l'éphémère. Et l'instant fugitif de la saveur et de la beauté à l'éternité.

Terre

« Chers enfants, si j'ai pu vous porter jusqu'ici, parfois jusqu'à l'insupportable ; c'est que, malgré tout, je pouvais encore compter sur certaines forces de jeunesse.

« Maintenant, et je n'ai pas l'habitude de me plaindre, chacun peut constater que je suis devenue vieille et malade, je n'ai plus les ressources d'autrefois. Et si vous continuez à exploiter sans retenue ma chair (pillage des matières premières), à polluer mes vaisseaux (rivières, fleuves, océans) et à m'empêcher de respirer librement (pollutions atmosphériques, radiations diverses) je ne pourrai pas, malgré mes efforts, tenir le coup encore bien longtemps. Il y aussi vos frères animaux dont certains sont en voie de disparition, d'autres sont victimes de l'élevage industriel et tout cela bouleverse l'écosystème et génère beaucoup de souffrance et de maladies. Et ma fièvre qui fait fondre mes beaux glaciers (réchauffement climatique) n'est que l'envers de la froideur sociale qui s'est instaurée entre vous sous le régime de la peur entretenue par la plupart des médias.

« Je ne dis pas tout ça d'un ton de catastrophe pour vous culpabiliser, mais je vous encourage vivement à vous réveiller et à agir en conséquence tant qu'il en est encore temps. Quoi qu'en disent certains futuristes de salon, il n'y a pas de « planète B »

« Chers enfants de la terre. Je vous ai porté généreusement jusqu'à présent, c'est maintenant à votre tour de me soigner. »

Maladie

La maladie fait partie du chemin de vie. Il ne s'agit donc pas seulement de s'en défendre à grands renforts de vaccins et de médicaments « anti », (p.ex: antibiotique, anti-inflammatoire, anxiolytique, anti-douleur etc…) mais de la reconnaître et de l'accueillir quand elle vient frapper à notre porte. C'est un hôte exigeant mais non-malveillant, et il nous faut apprendre à grandir à sa mesure. Dans ce but, il est bon de solliciter les forces de vie (corps éthérique) avec une médication et une hygiène de vie appropriée, et aussi et surtout avec une attitude de l'âme faite de patience, d'engagement, de courage et d'espérance, tout en acceptant ses propres limites.

« Les maladies sont les ouvriers du divin » (Paracelse). En effet, elles ne sont pas là pour nous écraser mais pour nous transformer. Ainsi guérir, ce n'est pas revenir à l'état antérieur supposé sans problème, mais acquérir une deuxième santé (Goethe) selon un processus de métamorphose qui peut être douloureux, rigoureux voire dangereux certes, mais aussi salutaire, précieux et humain c'est-à-dire éveilleur de conscience.

(PS : Ceci est à nuancer pour les maladies essentiellement physiques, parfois urgentes, qui relèvent de méthodes fortes appropriées voire de la réanimation et/ou de la chirurgie, domaines d'élection de la technique médicale moderne orientée avant tout vers le corps physique)

Bien et mal

Il n'est pas toujours facile de distinguer entre les deux. En effet une des caractéristiques du mal est de se faire insidieusement passer pour le bien. A l'opposé, le bien véritable ne cherche pas à s'imposer, ni à juger. Il essaie de faire au mieux la part des choses, en ayant le sens du relatif, en cherchant l'équilibre le plus juste entre des tendances contradictoires.

Le bien véritable est clair et généreux, il se propose mais ne s'impose pas ; il est ferme mais aussi sensible, délicat, en mouvement. Il essaie de comprendre le mal en commençant par le voir en soi-même au lieu de le projeter d'un revers de main sur les gangsters de tout-poils, (ceux qui assument au grand jour leur rôle de voyou et surtout ceux-qui se travestissent hypocritement sous des propos lénifiants et bien cravatés.)

Le mal règne de partout aujourd'hui, inutile donc de le décrire plus avant sous ses formes multiples. Le piège, il me semble, consiste en effet à le traquer, le dénoncer sans cesse, au risque de la paranoïa, de l'impuissance morbide ou bien de la fascination par son règne sinistre ». Mais c'est un roi usurpateur !

Il faut bien sûr essayer d'être lucide au mieux du possible dans l'océan des propos sensationnels, irréfléchis voire mensongers que déversent à foison les médias ; mais il n'est pas sain d'être sans cesse « à l'affût », toujours prêt à critiquer, à manifester, à s'enrager ; ce qui est un cache-misère de la peur et ne mène trop souvent à rien d'autre qu'à saper sa propre énergie et celle des autres à force d'en parler. Et à renforcer ainsi indirectement le mal.

Sans pouvoir conclure sur ce vaste sujet aux enjeux fondamentaux, il est bon de se demander si le mal ne serait pas là pour réveiller, pour stimuler le bien ? Le mal serait-il, d'un point de vue évolutif et à plus grande échelle, un possible bien en train de germer dans les douleurs ; ceci malgré les apparences contraires ? En homéopathie ce sont les substances les plus toxiques qui, convenablement préparées (dilution et dynamisation), fournissent les remèdes les plus efficaces.

Chacun peut aussi méditer par exemple l'histoire de Job ; ou plus simplement voir, avec le recul, comment on a pu soi-même à travers nos erreurs, nos manquements, nos médisances et mauvaises actions…prendre conscience par contraste de la force désarmante du bien, et ainsi devenir plus tolérants et plus compatissants vis-à-vis de nos frères humains aux prises avec le mal.

« La nouvelle pureté passe par la boue » (Friedrich. Benesch))

Impuissance

Par les temps de morosité ambiante on entend souvent des propos résignés voire fatalistes au vu d'une catastrophe imminente et inévitable. Il est vrai qu'il y a de bonnes et vieilles raisons de s'inquiéter et de se sentir impuissant devant l'énormité de certains problèmes. N'est-ce pas aussi l'opportunité d'explorer une tout autre façon de vivre, un nouveau projet pour soi-même, une nouvelle attitude en société, un nouveau lien qualitatif avec l'environnement ? Une façon autre de penser, de ressentir et d'agir, une façon d'innover, de donner corps à ses rêves. Je n'irai pas plus loin laissant chacun imaginer ce qu'il pourrait faire d'entièrement nouveau avec les moyens dont il dispose et dans le contexte où il se trouve. Non par devoir, ni par peur, mais par joie inventive et par amitié complice avec son entourage; et cela commence par de toutes petites choses, de tous petits pas, bien dans ses bottes et le cœur chaud.

« Comme ils ne savaient pas que c'était impossible ; ils l'ont fait » Mark Twain.

Critique

Bien sûr il faut garder un esprit critique, tant il y a d'illusions, de propagandes, voire de mensonges dans ce monde inondé d'informations contradictoires, parfois manipulées et mensongères. Il faut avoir le courage de se positionner fermement, à contre-courant si nécessaire et non pas sous le joug pesant un grand nombre. Sans perdre de vue pour autant une nécessaire prise de recul, pour essayer d'être objectif le plus possible, pour prendre une position contextualisée et nuancée, également évolutive, ouverte et non pas radicale et fermée à double tour. C'est qu'il est plus facile de critiquer que de proposer, de vouloir faire dégager tel ou tel, que de s'engager soi-même.

« Si tu critiques le violoniste, prend son violon et joue mieux que lui ! » (Proverbe slave)

Bonheur

Bien des gens sont à la recherche éperdue du bonheur… sans jamais le trouver ! Ceci les rend par contraste à jamais malheureux.

En fait le bonheur est en nous, c'est un état d'esprit et une disposition de l'humeur qui résiste aux difficultés et peut même se renforcer devant les obstacles. L'ombre du bonheur est en effet d'assumer patiemment, courageusement et dignement le malheur qui nous arrive, et qu'en fait nous avons-nous-même probablement, en un autre temps, provoqué.

Une telle ombre portée nous rend plus attentif et plus sensible à la lumière chaleureuse de toutes petites choses qui prennent alors un goût de l'essentiel. Le bonheur est alors un cadeau de l'instant présent. Une qualité précieuse et pérenne de l'instant fugitif. Un cadeau qui se multiplie en le partageant.

Le bonheur n'est jamais un dû mais toujours un possible. Il n'est pas à prendre mais se donne à qui ne l'attend pas.

Sécurité

Dans ce monde de plus en plus incertain, il est beaucoup question de sécurité : Bodyguards, surveillance électronique, assurances de toute sorte etc... La vie devrait être tout à fait balisée et programmée d'avance. Certains même, abandonnant leur rêve d'aventure, songent déjà à une retraite confortable dès l'orée de leur carrière.

Un exemple anodin mais significatif : les petits enfants, exposés par ailleurs à bien des situations stressantes et inadaptées à leur âge, doivent porter un casque pour un petit tour en trottinette dans le jardin public ! J'en passe… et voici le comble : tout le monde devrait être vacciné, être doté d'un *pass sanitaire* pour avoir droit à être reconnu comme citoyen socialement acceptable (alors qu'il existe d'autres moyens de se renforcer au plan immunitaire sans encourir le danger d'un prétendu vaccin-miracle qui est d'efficacité douteuse et n'est pas sans danger quoiqu'on en dise).

Derrière tout cela se profile le spectre grandissant de la peur : peur de manquer, peur d'être envahi ou abandonné, peur d'être volé, escroqué, agressé, peur de tomber malade, peur d'être mal soigné, peur de ne pas être conforme, peur de mourir enfin ! Mais de fait n'est-ce pas la peur elle-même qui, largement entretenue par les médias, est la grande maladie dont sont issues toutes les autres ?

Et si le plus grand des risques était de n'en prendre aucun ? Sans risque, rien de neuf, rien de passionnant, rien de créateur. On glisse insidieusement de la vie à la survie (en fait sous-vie), on se méfie, se distancie, se rétrécit. On passe ainsi à côté de la vie, à côté de l'amour et de la fantaisie ; et croyant se protéger, on s'entoure d'une carapace qui sent déjà la mort.

« Qui achète sa sécurité au prix de sa liberté, s'apercevra vite qu'il ne mérite ni l'un ni l'autre. » B. Franklin.

Peur

Bien sûr que j'ai peur, comme tout le monde, excepté les vantards et les menteurs de toute sorte. Mais ça ne m'empêche pas d'avancer dignement à mon rythme, à petits pas, en me protégeant au besoin au besoin tout en gardant la direction librement choisie. Je marche droit dans mes bottes mais je n'exclue pas de trébucher, voire de tomber. Je suis prudent bien sûr sans être obsédé par ma propre sécurité. Il n'est en fait nullement rassurant de vouloir être totalement rassuré, complètement sécurisé ; c'est impossible comme chacun peut en faire l'expérience.

Je vois partout une peur rampante, attisée par des explications pseudo-scientifiques et divulguée à qui mieux-mieux par les médias média des grands chemins (mainstream). C'est la peur de la maladie, la peur de la mort. Donc une peur qui éteint la vie ! C'est aussi la peur de penser par soi-même, la peur d'être différent, marginalisé. La peur de se soigner activement corps et âme à sa façon, la peur d'être socialement exclu voire brimé, la peur d'être libre, en un mot : la peur d'être soi-même !

Chacun peut décider de ne pas être un mouton confortablement installé dans le troupeau et marqué au fer électronico-biologique avant d'être tondu, voire pire. Il faut pour cela développer « le courage de la peur » (Henning Köhler), ceci précisément pour ne pas se laisser étourdir par le sommeil narcotique qu'offre le monde moderne de multiples manières, ni épouvanter par le spectre sournois de l'angoisse qui finit toujours par se glisser sous la porte, même si celle-ci parait soigneusement cadenassée par des pilules ou des injections prétendument rassurantes.

J'ai peur un bon coup ! Et puis j'y vais quand même ! Je grandis avec, et voilà qu'une bonne surprise m'attendait au tournant ! La peur est le revers de notre sensibilité, faisons-en donc notre alliée.

Vaccin

Il n'est pas de mon propos de minimiser la problématique sanitaire soulevée par la pandémie actuelle ; toutefois il faut noter que les cas graves sont le plus souvent couplés à une pathologie préexistante qu'ils révèlent parfois. Pour la plupart des gens il s'agit « d'une forte grippe » fort pénible certes à traverser mais sans gravité excessive. Mais il semblerait que ladite pandémie soit aussi instrumentalisée selon une direction qui n'a rien de médical ni de philanthropique.

Certains politiciens, forts d'une science médicale ingurgitée à la hâte, voudraient vacciner tout le monde pour résoudre de façon, à mon avis simpliste, la pandémie. Or on voit bien que ça ne marche pas ! Le vaccin est loin d'être pleinement efficace (au vu notamment du fort pouvoir de mutation du virus) et pour certaines personnes sensibles il peut s'avérer fort dangereux. Il peut même entraîner des complications sérieuses voire graves à court ou plus long terme (ceci est soigneusement occulté !). De plus il est à se demander si une telle vaccination en masse (le sujet étant devenu un simple exemplaire, statistiquement numérisé et non pas une individualité unique, responsable et libre de ses choix) ne favorise pas l'apparition de variants, au lieu de laisser progressivement s'établir une immunité naturelle.

Il est d'autres méthodes de renforcer la santé et de soigner la maladie, mais celles-ci sont passées sous silence ou ridiculisées ! Les personnes qui essaient de comprendre, de réfléchir par elles-mêmes, et de se soigner en conséquence dans un partenariat de confiance avec un professionnel compétent, et qui optent activement et courageusement pour d'autres chemins que la « vaccinomania » sont considérées comme des déviants, des complotistes, des irresponsables asociaux…

Il ne s'agit donc pas d'être du façon radicale ou fanatique *pro-vaccin ou anti-vaccin* et ainsi de cliver la société déjà bien malmenée par ailleurs. Mais au contraire d'ouvrir un débat public calme et approfondi incluant les médecines dites complémentaires et de considérer chaque citoyen, ainsi bien informé, comme responsable de sa propre santé.

L'enjeu est avant tout de sauvegarder la liberté donc la dignité humaine.

Masque

Sous prétexte de pandémie et sans que son utilité soit réellement prouvée, le masque est devenu obligatoire. Voici une société sans sourire où la « distanciation sociale » est de rigueur, sans qu'on se rende compte de l'antinomie de tels mots. Une société où on ne respire plus librement, une société où on étouffe, où on est muselé, coincé par la pensée unique, et où l'autre, autrefois ami, devient un contaminateur potentiel ou un juge implacable.

Dans d'autres temps, d'autres lieux, le masque était le support d'un rite sacré ou profane. Il était décoré de manière symbolique et révélait, tout en le cachant, certains aspects secrets de son porteur. Et une fois enlevé, cela devenait l'occasion de se laisser interpeller quant au masque social derrière lequel chacun se cache souvent, puis de rire de soi-même de bon cœur. Le masque de carnaval était alors l'occasion de démasquer de manière humoristique les faux-semblants de la tragi-comédie humaine !

Rien à voir avec la sinistre mascarade imposée.

Argent

Au départ, moyen très pratique d'échange basé sur l'économie réelle et sur la garantie d'un trésor public démocratiquement contrôlable.

A l'arrivée, moyen d'oppression sans précédent, basé sur une économie virtuelle et une planche à billets qui s'emballe selon des manœuvres soigneusement prévues (par un petit groupe de financiers-escrocs internationaux) puis occultées. Ainsi certains milliardaires le deviennent de plus en plus sans travailler réellement, et les travailleurs se sentent de plus en plus exploités par le système. Les autres sont exclus des statistiques et des informations, on n'en parle quasiment jamais (les principaux médias étant aux mains des milliardaires). Ces derniers rejoignent tôt ou tard les trois dernières voies de garage de la société : soit l'hôpital psychiatrique, soit la prison, soit en dernier ressort le cimetière.

Or

Autrefois, l'orpailleur tamisait l'or de la boue de la rivière, pour l'amener à la lumière du jour. Ensuite l'orfèvre le purifiait et le façonnait pour en faire des bijoux d'art ou des objets de culte. L'or solaire enfoui dans les entrailles de la terre émergeait à nouveau au grand jour, grâce à la noblesse du travail humain.

Aujourd'hui l'or est extrait dans le fond des mines d'Afrique à l'aide de machines maniées par des demi-esclaves. L'or est mis sur le marché-casino international par des voleurs légaux, puis transformé en lingots, et enfin enfermé dans le coffre-fort des banques.

On enterre le soleil. Avec les conséquences que l'on voit !

Liberté

La liberté n'est jamais un acquis. On se rend compte seulement combien elle est précieuse quand on est en train de la perdre. Elle est toujours à conquérir soit contre un tyran extérieur, qui se déguise souvent en sauveur, soit aussi contre le tyran intérieur de la passivité craintive, du :« à quoi bon », du confort à tout prix.

Mais la liberté implique de se prendre en charge, de penser activement par soi-même et d'agir en conséquence avec engagement, courage et responsabilité. Avec tolérance et bienveillance aussi mais sans compromis.

On conçoit malheureusement qu'il est préférable pour beaucoup de déléguer leur liberté, en fait leur dignité, à des règlements fussent-ils absurdes, à des slogans fussent-ils outrecuidants ou à un parti politique habile mais fourbe et sachant crier plus fort que les autres.

« Il faut du courage pour être libre. » Périclès.

Guerre

De tous les temps les hommes ont guerroyé. D'abord à coups de poing, de bâton, de massue, puis à coups de lance et d'épée. Ceci développait quand même le courage et il existait un certain respect de l'adversaire. Il y avait même des combats chevaleresques pour des questions d'honneur.

Aujourd'hui ce sont les mitraillettes, les explosifs, les missiles, les bombes atomiques, les drones, les armes chimiques et biologiques. Femmes, enfants, vieillards…On tire dans le tas et personne n'est épargné. On n'arrête pas le progrès !

Et pour certains fabricants d'armes et profiteurs de guerre, c'est aussi l'occasion de gagner des fortunes. Y compris dans les pays qui se prétendent neutres et pacifiques.

Folie

Dans ce monde de dingues (sauf exceptions qu'on espère malgré tout de plus en plus nombreuses) il est à se demander s'il est bien normal de rester calme et socialement correct.

Le « vrai-fou » (qualifié comme tel par les instances psychiatriques) semble avoir résolu le problème à sa manière, en étant persuadé, dans sa propre folie, que ce sont les autres qui sont fous. Aurait-il tout à fait tort ?

Le visiteur d'une clinique psychiatrique a bien du mal à distinguer au premier abord les « soi-disant normaux » des « parait-il fous ». Les premiers n'ont pratiquement jamais d'éclat dans le regard et leurs lèvres sont closes par des boulons bien serrés ; leurs rares propos sont toujours soi-disant très raisonnables, solides et bien rangés, en acier inoxydable comme les barreaux aux fenêtres. Il arrive aux autres d'avoir un regard étoilé, et d'ouvrir un large sourire qui laisse la porte ouverte à des propos iconoclastes, parfois poétiques et merveilleux.

Cela ne veut pas dire, qu'il faille rejeter en bloc les soins médicaux et sociaux ; tout le monde n'est pas à mettre dans le même panier bien sûr. Et la question de la folie reste des plus complexes. Permettez-moi donc de m'interroger sur ce proverbe ancien : « le vin, le fou et l'enfant disent la vérité ».

Laideur & Beauté

On dénonce à juste titre différentes formes de pollutions, notamment celles de l'eau qu'on boit et de l'air qu'on respire, tous deux étant les bases élémentaires de la santé, de la vie. Et il y en a bien d'autres... Ici je voudrais mettre l'accent sur une pollution dont on ne parle pratiquement jamais : la pollution par la laideur.

Regardez par exemple comment les belles campagnes autour des villes sont petit à petit massacrées par les cubes de béton censés être des maisons, par d'immenses hangars métalliques censés être des marchés et des lieux de rencontre etc. Regardez les affiches criantes, certains films, certaines productions prétendument artistiques où on se délecte de vulgarité, de cynisme et d'horreur. La laideur est devenue tellement habituelle, si quotidienne que peu de gens la remarquent. On est blindé, parfois anesthésié (anxiolytiques, alcools et drogues diverses, surconsommation addictive des moyens électroniques de télécommunication). Si révolte il y a elle est passive, résignée, elle alimente alors la morosité ambiante.

Qu'est-ce que la beauté au juste, aurait-elle une mission ? Dans la nature encore naturelle, on peut certes trouver l'image de la beauté originelle et s'en émerveiller. Mais cela ne suffit pas car la terre vieillit, tout est en devenir et ce qui n'évolue pas nécessairement régresse, s'effrite, entre en décadence.

La beauté ? C'est ce qui nous étonne, nous émerveille et nous réveille également de notre torpeur confortable en nous faisant respirer plus large. La beauté c'est, d'après Goethe, ce qui élève les matériaux du monde sensoriel à un niveau sensible-moral, c'est un chemin ascendant, non seulement esthétique mais aussi de connaissance et de noblesse. La beauté est l'image accessible aux sens terrestres de ce qui les dépasse et leur donne du sens tout en respectant leur mystère ; qu'une telle image soit parlée ou écrite, picturale, plastique ou musicale.

La beauté c'est ce qui fait respirer l'âme entre le naturel et le surnaturel ; c'est une échelle qui nous élève vers la pure lumière tout en nous invitant à redescendre pour habiller de couleurs les zones grises de la terre des hommes. À ce titre, la beauté est aussi un guide sûr vers la vérité et la bonté, car elle éclaire chacun et aspire à être partagée. C'est un guide qui montre avec douceur et délicatesse le chemin tout en laissant libre. À chacun de répondre à son appel par une métamorphose du regard, une disponibilité de l'âme et un élan créateur.

La beauté sait faire danser les ombres, y génère de merveilleuses couleurs aux nuances infinies, à ce titre elle soigne. A l'opposé, dans le monde de la laideur, l'âme est grise, sèche, asphyxiée, elle risque de s'enfoncer dans la passivité poussiéreuse, la cupidité avide, la destructivité ou la sinistrose prélude au cancer et à la dépression.

L'écrivain russe Dostoïevski a mené une vie particulièrement éprouvée par la misère, la maladie, les coups du sort et de plus la terrible souffrance due à l'injustice. Il a cependant pu écrire : « La beauté sauvera le monde ».

Histoire

Chacun se raconte une histoire. C'est une sorte de monologue intérieur. Selon les cas et le contexte, ce peut être un propos jovial, plaintif ou agressif jeté de manière impudique à la face de l'autre qui l'écoute d'une oreille distraite ou exaspérée ; ce peut être aussi une belle histoire riche de contenu et d'expression et qui s'enrichit d'être partagée.

C'est trop souvent une histoire de négativité qui est expulsée vers autrui, mais elle revient aussi en boomerang vers le locuteur. Une telle histoire, peu consciente en fait, a tendance à tourner en boucle et à charger le discours, mais elle devient insidieusement dominatrice et asservit son porteur. Elle se répète comme un disque rayé du style : « vous comprenez, ça n'arrive qu'à moi, ça m'est tombé dessus, pas étonnant si vous saviez etc...». L'histoire est alors figée, factuelle, sans pouvoir symbolique, c'est une sorte d'ornière fatale dans laquelle on ne saurait s'empêcher de glisser, de s'enliser.

Toutefois derrière les maux, les tourments et les épreuves se trouvent aussi des forces de résistance, des talents et des compétences qu'il importe de débusquer puis de mettre en valeur. Il faut savoir creuser patiemment le sol de l'histoire comme on creuse le sable pour y dénicher un trésor enfoui.

C'est alors que peut surgir, toute neuve et pleine de force, « une histoire préférée » (Michaël White). Une histoire riche de symboles, de vitalité et d'espérance, dès qu'on commence à l'épaissir tout en la dépliant. Une telle histoire est unique et donc précieuse ; elle invite le sujet à redevenir auteur de sa vie. Elle est pourvoyeuse de courage et se renforce, se multiplie d'être généreusement partagée. Elle résonne en écho chez les autres qui en sont les témoins de manière libératrice et bienfaisante.

Nous sommes un tissu d'histoires, et une bonne histoire est un pain de parole revigorante, à déguster entre amis.

Larme

Il y a les larmes de circonstance, les larmes de crocodile, avec ou non besoin d'oignon. Il y a les larmes hystériques, une sorte de chute du Niagara émotionnel qui se nourrit sans retenue du spectacle.

Il y a les larmes authentiques qui débordent de tristesse ou de joie ; elles sont riches d'émotion mais elles restent dignes, elles ne s'épanchent pas dans le pathos. Ces larmes font sauter un cadenas étouffant, elles ont pour un temps une action bienfaisante et libératrice, à condition de garder la juste mesure.

Il y a aussi les larmes rentrées, desséchées, devenues cristaux de sel. Elles ne peuvent plus pleurer après trop de souffrance, trop d'injustice et la peine de tant de deuils escamotés.

Il existe également une fontaine subtile. Une rosée glissant doucement sur la joue du cœur, accueillant la douleur et la purifiant, et se transformant petit à petit en lumière.

Joie

Le murmure d'un ruisseau, le chant du rossignol, un bouquet de roses effleurant l'épaule de la colline au soleil couchant. Un rire d'enfant, le sourire malicieux d'un vieillard, un souvenir qui, tapi sous la commode, ronronne comme un chat. La surprise d'une rencontre, la rencontre d'une surprise…

Le chemin à la fois merveilleux, hasardeux et souvent douloureux de l'amour. Et tous ces petits riens qui jalonnent par magie le parcours unique d'une vie.

La joie est partout. Comme braise sous la cendre, elle attend, même au sein de la souffrance, de la maladie et du dénuement, l'élan confiant de notre propre souffle pour relancer la flamme.

Mais la joie n'est pas à acheter, ni à consommer, elle se donne à celui qui s'est d'abord donné.

Main

Le noble coup de main de l'artisan, la poignée de main de l'ami, l'habit fait-main de la couturière, la main du musicien qui fait chanter son instrument, la main qui touche, ressent, caresse, masse, soigne…

La main est en passe de devenir un organe obsolète, réduit à la mécanique élémentaire du bout des doigts tapant nerveusement sur des touches afin de faire fonctionner des écrans, des machines télécommandées, voire des robots. On achète du préfabriqué puis on jette la camelote irréparable dès qu'elle est quelque peu usée.

L'homme ne manie plus les choses mais, croyant ainsi être libéré, il est en fait appauvri et même mani-pulé !

Ren-contre

Il faut savoir *se rendre*, baisser les armes pour accueillir l'autre avec cordialité et simplicité, sans préjugé.

Il faut aussi pouvoir affirmer ses valeurs, ses idées, ses désirs sans vouloir les imposer pour autant. Pour cela il faut oser la confrontation, d'où le terme ren-contre. Un partage créatif ne peut naître que dans un tel champ de forces apparemment contradictoires. Une telle rencontre, authentique et tonique, tout en restant respec-tueuse, peut même transformer une vie ; cela n'a rien à voir avec les politesses grises des salons. Nous sommes tissés de nos rencontres.

Code

Il y avait depuis longtemps des signes bizarres, occupant jusqu'ici seulement certains documents officiels ou financiers. Soit.

De nos jours vous ne pouvez plus prendre un café sans avoir un « QR-code » collé sur votre table, ou bien même aller au marché sans y voir ce sigle sinistre appendu aux tréteaux. On le retrouve sur les paquets, les factures, les affiches, les menus, les billets de train et autres tickets de spectacle. Le QR-code est devenu une sorte de mouche avide qui colle ses pattes noires et gluantes partout. Tout le monde – ou presque – a l'air de trouver cela normal. Tout est donc bien contrôlé, estampillé, QR-codé !

QR. Code : Quotient Réducteur Codé (c'est-à-dire caché, sournois, manipulateur) de la liberté et donc la dignité humaine ?

« Vous ne pourrez plus rien acheter ni vendre sans le signe de la bête » (Apocalypse)

Philosophie

N'est pas forcément écrite dans de gros livres pesants, difficiles à lire et ennuyeux

J'ai rencontré pour ma part un paysan, un vrai, philosophe et grand connaisseur des plantes et de la nature. Une autre philosophe qui s'ignore, c'est ma concierge toujours efficace et prête à rendre service (sans aucune servilité), elle est aussi pleine de sagesse souriante, je veux dire de bon sens et d'entrain.

J'ose vous dire que ma chienne fait aussi preuve d'une certaine philosophie enrobée de fourrure, de malice et de tendresse, et qui se manifeste par l'expression du regard, le museau fouineur et le balancement joyeux de la queue.

Et s'il s'agissait d'un « philosophe patenté », mais demeuré quand même abordable sous son chapeau gris d'universitaire, je lui demanderais simplement de me dire ce qu'est au juste la philosophie !

Et sans doute me répondrait-il : « N'est-ce pas précisément l'art de savoir poser la bonne question... ? »

Vérité

L'illusion endort. L'exaltation étourdit. Le mensonge emprisonne. La vérité décape.

Et c'est ainsi qu'elle ouvre un espace libre.

Violence

Il y a la violence des coups de poing, des mitraillettes et des bombes. La violence des terroristes ou des tyrans. Également la violence des commérages, des critiques injustes, voire des insultes. La violence de l'indifférence, voire du déni. La violence conjugale, la violence envers les enfants ou les personnes âgées. La violence des policiers à laquelle répond la violence de certains manifestants.

Il y a la violence insidieuse de l'argent et du pouvoir des spéculateurs, la violence des politiciens véreux, des trafiquants en tous genres. La violence de la pub, de la laideur, des films d'horreur et du porno...

La violence du matérialisme, des objets-camelote et des écrans addictifs qui brisent les âmes des enfants dès le plus jeune âge avant même qu'elles aient eu le temps d'éclore.

Et malheureusement la violence de la misère de plus en plus présente, de plus en plus criante, de plus en plus étouffée, banalisée, réduite au silence.

Mais rassurons-nous : les traders du casino financier international sont toujours bien polis, bien cravatés et se portent très bien. Certains se rendent-ils compte qu'ils portent des matraques invisibles au fond de leur attaché-case, et que leur petit jeu financier pervers attise indirectement l'injustice et partant la violence dans le monde ?

Mystère

S'il est important de chercher à comprendre, d'analyser, de bâtir des théories, d'interpréter...il me parait aussi essentiel de laisser la part du mystère. Ainsi de ce savant de la biochimie qui, entendu à la radio, m'a fait grand plaisir : il a dit d'une voix claire et avec des mots simples que s'il était passionné par ses recherches en biologie moléculaire, il était aussi conscient que la vie restait un mystère inexplicable par cette seule démarche. De plus il a rajouté avec humour qu'il saisissait mieux la structure et la fonction de certaines molécules complexes, que la manière dont venait se former la rosée au petit matin.

« La molécule est le réceptacle d'une rosée mystérieuse que nous ne percevons pas encore » a-t-il conclu sans conclure, dans un ton malicieux.

Le visible serait-il un reflet de l'invisible ?

Merci

Ce petit mot est souvent dit du bout des lèvres d'une façon automatique, ou bien il est carrément omis. Pourtant comme il est doux et bon de remercier. Ce mot pourrait paraître superflu ou obsolète, il garde pourtant son secret, sa noblesse, sa magie.

Merci à la vie qui, même si elle est difficile, voire tragique, reste intéressante et belle et nous donne toujours l'occasion d'apprendre, de nous dépasser et de créer. Merci pour le soleil, les étoiles, la terre qui nous porte et supporte, les éléments et toute créature. Merci à l'oiseau qui chante au petit matin faisant danser la lumière. Merci à la rosée qui, encore rêveuse, offre un collier de perles à chaque brin d'herbe comme à chaque regard étonné.

Merci à celles et ceux qui m'ont élevé, qui m'ont instruit (même si c'était loin d'être parafait) Merci à celles et ceux qui m'ont soigné, qui m'ont aimé (trop souvent sans que je leur témoigne suffisamment ma profonde gratitude) Merci à tous ceux qui m'ont aidé et aussi à ceux que j'ai pu aider quand ils trébuchaient sur la route.

Merci à mes enfants qui m'ont appris la joie et la difficulté d'être parent, et je les remercie aussi d'avoir bien voulu me pardonner quand je n'étais pas le parent-modèle souhaité.

Merci aux grands peintres et aux grands musiciens, merci aussi aux croque-notes et aux chanteurs des rues. Merci aux écrivains petits et grands qui ont contribué, amis invisibles, à façonner ma propre parole et à m'ouvrir le cœur.

Merci à toutes celles et ceux qui, aux temps difficiles, ne m'ont pas accablé de critiques, de conseils, ni d'une fausse compassion, mais m'ont invité par leur attitude, leur sourire, leur propos bienveillant et revigorant à me tenir debout dans l'épreuve. Et merci surtout du fond du cœur à toutes celles et ceux à qui je n'ai pas dit suffisamment merci.

Merci enfin à cet ange patient et attentif dont je ressens parfois la présence chaleureuse et exigeante quand moi-même je ne suis pas assez présent.

Merci, ce petit mot est bien le plus grand. Il éclaire et réchauffe tous les autres. Un authentique mot-soleil.

Religion et ses pièges

Religion veut dire être relié. À quoi, à qui et comment, tel est l'enjeu, le but ou le piège.

Ainsi, pour certains, leur religion, c'est le corps : fitness, sport à outrance, ou bien chirurgie esthétique. Pour d'autres, et ceci sans commentaire, c'est le fric, le sexe, le pouvoir. Certains, fuyant l'ennui ou la détresse, s'adonnent à l'alcool, la drogue et/ou autres plaisirs qui les enchaînent. D'autres ont pour religion des idées mortes, fossilisées, gravées dans le marbre.

D'autres enfin, recherchant une voie spirituelle, tombent dans les pattes d'un gourou sulfureux ou d'un religieux dogmatique et rigide. Certains même deviennent ainsi fanatiques, furieux et dangereux car ils sont sûrs, ayant trouvé « la vérité », d'avoir raison, d'être dans leur bon droit et vous assènent, au propre comme au figuré, un coup de crosse sur la tête, pour votre bien.

À chacun de ressentir et chercher, même au sein de la solitude, à quoi il/elle veut librement se relier. Car en fait tout est religion, tentative de créer un lien ou de s'en abstraire, de chérir et célébrer la vie ou de la détruire, de la maudire.

La religion a bien des masques abstraits et moralisateurs ou bien séduisants, moralement confortables mais trompeurs. Cherchons donc à être reliés d'abord à nous-même, à ce que nous comprenons et ressentons vraiment même si ce n'est pas dans le droit chemin. Relions-nous aussi à notre famille, même si elle est imparfaite et divisée, et à notre voisin même s'il est bizarre et parfois trop bruyant. Relions-nous aussi à la nature environnante, aux plantes, aux animaux, aux arbres et aux oiseaux. À toutes les créatures visibles et invisibles. Sentons-nous reliés aux étoiles, à leur mystère, à leur beauté. Tricoter des liens vivants avec ce qui nous entoure, c'est le début de toute religion. En faire l'impasse peut être illusoire voire hasardeux et même dangereux.

C'est à chacun, en tant que chercheur de vérité, de faire lui-même librement son propre chemin ; ceci comprenant un effort sincère et vigoureux de la pensée, tout en se souvenant de ce proverbe oriental : « Toute ta vie cherche la vérité mais méfie-toi de l'avoir trouvée. » Ce n'est qu'une fois la conscience patiemment confortée qu'il peut y avoir place pour une religion véritable. Une religion qui relie vraiment l'en-bas et l'en-haut, le visible et l'invisible, le physique et le spirituel, et sans exclure a priori personne.

Christianisme

On a tant dit à ce sujet, de manière dogmatique ou lénifiante, parfois même avec un brin d'arrogance et de moquerie, voire de violence que je ne souhaite ouvrir aucune polémique ni convaincre personne. Je donne simplement la parole à certains témoins de marque, parmi tant d'autres, inconnus ou méconnus :

« Il n'y a jamais eu qu'un seul véritable révolutionnaire : Jésus-Christ » Guillaume Apollinaire (écrivain-poète)

« Nul n'est heureux comme un vrai chrétien. » François Mauriac (romancier)

« Est chrétien ce qui en toi aspire à la métamorphose par l'amour » Anselm Grün (moine-psychothérapeute)

« Qui peut se prétendre chrétien ? On peut seulement essayer toute sa vie de le devenir » Joachim Berron (médecin)

« Je vis d'une résurrection permanente » Magda Székely (poétesse hongroise)

« La foi n'est pas notre consolation mais notre lumière » Simone Weil (philosophe)

« Le véritable christianisme, c'est l'impulsion vivante du Christ. Elle est là pour tous les hommes et tous les temps à venir. » Rudolf Steiner, fondateur de l'anthroposophie.

Et bien d'autres témoins… qui, simplement et courageusement, font de leur mieux pour vivre en chrétiens, et le rayonner alentour sans le claironner pour autant, avec bienveillance et tolérance, dans les conditions parfois tragiques de l'humble quotidien.

Petite philosophie amusée de l'imaginaire

Une partie subtile mais essentielle de la réalité vivante est de l'ordre de l'invisible ; c'est elle qui suscite et alimente l'imagination.

Les personnages de certains romans incarnent une psychologie vivante souvent plus complexe et plus profonde que d'ennuyeux ouvrages académiques spécialisés. Il y a également une « poésie du réel » cachée sous l'apparence du quotidien, et qui inspire les artistes. Si vous me permettez une confidence, la fiction est une aventure surprenante. Par exemple, comme on peut le lire ci-dessous, c'est un chien, bon gardien fidèle, et un écureuil bondissant et fantasque qui vont me faire comprendre, par un dialogue malicieux, certaines choses que j'apprends d'eux au fur et à mesure que je crois les imaginer. Il me semble alors que je ne peux que témoigner.

La fiction ne décrit pas le réel mais donne la parole à l'élément d'âme qui se cachait par en dessous, et dont l'animal peut être un des meilleurs porte-parole, comme cela se trouve, par évidence mystérieuse, dans certains contes, fables et mythologies de tous les pays du monde.

Ces textes ne sont pas véridiques sans doute, mais ils sont plus riche de vérités est dont souvent plus véritable que certaines prétendues réalités dites objectives. La fiction de qualité ne déchire pas le vêtement du réel mais elle en est la doublure, celle qui tient chaud,

« Là où je crée, je suis vrai » R. M Rilke.

« C'est la fiction qui soigne » James Hillman

Dialogue auprès d'un arbre

– Je t'ai pisté, mon écureuil, un jour je finirai bien par t'attraper, tu ne perds rien pour attendre !

– Sans blague, mon cher chien, tu sais bien que je n'ai pas mon pareil pour grimper aux arbres.

– Peut-être bien, mais j'ai de la patience, je suis le gardien du territoire et tu vas bien finir par devoir redescendre.

– Comme tu es prétentieux, mon cher ras-du-sol !

– Comme tu es volage et impertinent mon cher tête-en-l'air !

– Il attaque, le voilà donc vexé, ça me retrousse le poil de rire !

– À malin, malin et demi, comme je suis le gardien du temps il travaille pour moi, je suis un modèle de constance et de fidélité, tu n'es qu'un simple courant d'air. Il va bien te falloir redescendre…

– Et moi je me moque bien de ta montre et de ton agenda, qui sont d'ailleurs ceux de ton maître.

– Un conseil d'ami, si tu veux pour une fois écouter la voix du bon sens, va donc récolter tes noisettes tant qu'il en est encore temps et prends aussi grand soin de bien noter l'endroit où tu vas les cacher pour ne pas l'oublier.

– D'accord monsieur le docte professeur, mais quelle emphase !

– Un peu de méthode te fera grand bien.

– Tu permets que je te prodigue aussi un conseil ?

– Cause toujours.

– Eh bien, c'est délicat à dire et encore plus difficile à tenir, çà n'a l'air de rien et c'est pourtant essentiel.

– Que de discours, accouche !

– Nous avons besoin l'un de l'autre.

– Quel toupet !

– Toi pour garder et moi pour m'échapper.

– Est-ce un mal d'être fidèle, de veiller sur le seuil et d'entretenir de bonnes habitudes.

– Non sans doute, tout cela est utile, peut-être nécessaire, c'est de la bonne routine sécurisante, mais laisse-moi te dire et redire : « tu as besoin de moi… »

– Quelle rengaine insensée ! Mais que veux-tu dire en fait ?

– Le jour où tu ne poseras plus cette question, c'est que tu auras compris.

– Compris quoi ?

– Fais bien ton boulot à quatre pattes mais n'oublie pas…

– Quoi donc !

– De regarder en l'air ! C'est par là qu'on est libre : c'est de là que vient la lumière.

– Et toi, n'oublie pas de bien poser les pieds par terre !

– D'accord mon raisonneur ; à chacun son rôle, mais ne reste pas prisonnier du tien !

– Mais moi je suis solide, on peut compter sur moi.

– Mais moi je suis léger, on peut danser avec moi.

– Tu me prends pour un balourd mais sais-tu que je suis moi-même le gardien des rêves de la forêt. Les derniers rêves avant de mourir s'expriment par les odeurs, et je suis un passeur.

– Taratata, c'est moi qui accroche des rêves aux branches, ça les gratouille un peu puis ça les fait frissonner de bonheur.

– Mon cher feux-follet, je te laisse te moquer de tout, c'est la consolation des faibles et des bons-à-rien.

– Voilà qu'il nous sort un sermon !

– Du tout, écoute pour une fois. Je perçois plus que tout autre la respiration embaumée de la terre.

– Moi je préfère la brise qui fait valser les arbres, distribue leur pollen, secoue leurs paillettes d'or !

– Pour moi tout est souffle, piste, senteur !

– Grâce à moi tout se renouvelle, tout est danse, élan, bonheur…

– Sais-tu que les odeurs, que je perçois mieux que tout autre, sont les ombres parfumées de la mort ?

– Je préfère ne pas y penser.

– Je ne dis pas ça pour faire triste, dit le chien, je suis le gardien de ce qui meurt, je creuse la terre, c'est une ancre nécessaire et j'accompagne aussi le souffle de l'âme dans l'au-delà.

– Et comme je ressemble à une flamme, dit l'écureuil d'un ton moqueur, c'est ensuite moi qui prends le relais !

L'arbre prit alors la parole et dit en son langage : « Arrêtez de vous chamailler. Vous commencez à me casser les oreilles ! Vos discours me semblent à l'un comme à l'autre vantards et outranciers. Écoutez s'il vous plait ce que j'ai à vous dire : L'un et l'autre, vous paraissez totalement incompatibles et pourtant je vous aime tous les deux. Vous êtes si différents mais je vous sens, dans le fond, tellement complémentaires. Vos facéties, parfois agaçantes vous en conviendrez, m'obligent à sortir de mon phlegme et je vous en remercie. Moi, voyez-vous je dois creuser le sol pour plonger les os de mes racines au profond de la terre, ceci afin de pouvoir rebondir et grimper d'autant mieux à mon échelle de branches qui monte vers le ciel. Je me nourris de compost et de terre de vent et de lumière. Ainsi je me sens un peu chien et aussi un peu écureuil ! Je vis tous les jours dans une telle tension, un tel paradoxe. C'est peut-être le cas de chacun de nous ? »

La suite du dialogue fut emportée par le vent, un philosophe à sa manière pareillement. Il est fort possible que le chien et l'écureuil – ou leurs substituts – passent par chez vous et vous racontent une tout autre histoire…

4. Et si la fin était commencement ?

Rivière

Il est une rivière à l'encre transparente. Laisse ton corps se pencher, tes mains se rafraîchir, tes lèvres se désaltérer. Penche-toi sur le bord de la rive et trempe ton doigt dans l'eau pour écrire sur le sable. N'essaye pas de retenir ta joie ni ta douleur. Laisse couler la rivière, laisse son flot rythmé pulser en tes veines. Laisse là raconter, pleurer et chanter.

Tu as vécu beaucoup de choses, et tu croyais pouvoir comprendre, prévoir, contrôler, écrire un livre raisonnable ? Mais il y avait des bancs de vase, des rochers coupants et des tourbillons. Il y avait des rapides, des cascades ou bien des plans d'eau noire et stagnante.

Tu croyais pouvoir mener ta barque à contre-courant ? C'est maintenant le tour de la rivière de t'emporter au loin, au plus près de toi-même, par les méandres mystérieux où serpente le destin.

Et si l'eau est trouble voire boueuse, n'aies pas crainte de te salir ; c'est l'occasion de saisir ta chance. Prend ton tamis d'humble courage et de sage patience, comme fait l'orpailleur.

La rose et le papillon

Mère, comment t'écrire maintenant tout ce que je n'ai pas pu, pas su te dire ? Par pudeur on se disait entre nous des bêtises, et on riait, et puis on se taisait. Le silence complice racontait tous nos secrets.

Je me souviens une fois d'une grosse chenille, elle se tortillait sur le bord de la fenêtre, une sorte de monstre à mon regard d'enfant. Surmontant le dégoût, tu l'as délicatement placée sur une feuille de papier et tu l'as déposée dans la verdure du jardin en contre-bas. Par respect pour tout ce qui est vivant. Et puis tu m'as raconté comment la chenille était sur le point de se tricoter un cocon de soie pour se transformer un beau jour en papillon. Et j'en étais émerveillé.

Mère, bien plus tard, bien trop tard, quand je suis venu pour te voir tu avais déjà revêtu un cocon de bois dur. Et j'étais tellement triste de n'avoir pu te dire adieu, maman.

Au cimetière il y avait ce marbre glacé dont tu étais désormais la prisonnière. Mais il y avait non loin de là un rosier sauvage qui grimpait le long d'un rocher escarpé. Et autour du rosier voletait un papillon blanc.

Une rose lui a offert son cœur de pétales pour asile, le papillon s'y est tenu un long moment dans un frémissement imperceptible. Tout comme ton sourire à la fois pudique, fragile et accueillant.

Avant de s'envoler dans la brise du soir, le papillon s'est posé à la fenêtre de mon regard. Un bref instant mais si précieux au-delà du temps que les horloges prétendent contrôler.

Les années ont passé. Le papillon revient encore aujourd'hui par surprise voleter à ma fenêtre. Il vient me raconter une histoire, me réciter un poème, me murmurer une prière.

Les bougies

– Viens mon p'tit gars, je vais te raconter l'histoire des bougies.

– Grand-père, tu sais bien que nous sommes à l'heure de l'électronique et des ordinateurs.

– Oui, bien sûr, la technique a fait d'énormes progrès et je vois que tu te débrouilles très bien avec tous ces appareils. Moi tu sais, je n'ai rien contre, il faut aller avec son temps sans doute, mais il me semble aussi qu'il ne faille pas trop s'y laisser prendre. Toute médaille a son revers et toute chose doit être utilisée avec modération…

– Ok grand-père, mais la vie est de plus en plus liée à la technique et tout va de plus en plus vite.

– Je sais, il suffit d'appuyer sur un bouton pour éclairer toute la pièce, faire lever le store, déclencher la machine à laver ou bien avoir des nouvelles de l'autre bout du monde en un clin d'œil.

– C'est formidable, tu ne trouves pas !

– Bien sûr, mais se donne-t-on encore le temps d'allumer calmement une bougie.

– Mais ça c'est pour les anniversaires, on souffle gaiement les bougies du gâteau.

– Vois-tu quand j'étais enfant moi-même.

– J'ai du mal à l'imaginer !

– Tu peux rire, j'ai été moi-même enfant, et je le suis encore un peu resté à ma manière.

– Sans blague !

– Je me souviens, j'avais une dizaine d'année comme toi aujourd'hui.

– T'aurais pu être mon copain !

– Oui, si tu veux, nos âges se rejoignent à leur façon…Écoute bien, ma grand-mère avait une ruche, une petite maison en bois avec un toit de paille pour les abeilles. Et avant le temps de la Noël, elle prenait avec grand soin quelques rayons de cire et les faisait fondre doucement dans une vieille marmite en cuivre. Hum, ça sentait bon ! Et puis elle prenait des ciseaux pour couper une mèche torsadée d'environ douze centimètres. C'était la tige de la future bougie, avant de revêtir son manteau de lumière. Grand-mère trempait ensuite la mèche dans la cire liquéfiée de la marmite puis la ressortait toute frémissante. Quand la cire commençait à prendre, elle retrempait à nouveau la mèche ainsi progressivement recouverte d'une couche de cire, puis elle recommençait le procédé, à un rythme calme, attentif et patient. Ceci jusqu'à ce que la bougie ait pris suffisamment d'épaisseur et de consistance. Elle l'accrochait alors à une corde tendue horizontalement pour qu'elle sèche et se solidifie, en embaumant la pièce d'un parfum à la fois doux et sauvage, sucré et piquant. Puis elle me disait : « Vas-y mon garçon, c'est à toi de jardiner la lumière maintenant. »

– Qu'est-ce que ça veut dire ?

– Je ne l'ai compris que bien plus tard, mon p'tit gars.

– T'as compris quoi ?

– C'est difficile à expliquer, il faut en faire l'expérience…

– Ok, mais je n'ai pas de cire, ni mèche, ni marmite et les abeilles, grand-père, sais-tu qu'il y en a de moins en moins.

– Je ne le sais que trop. Je ne vais pas entrer maintenant dans la polémique. Il y aurait tant à dire, je risquerais de m'enrager.

– Il faudra bien trouver une solution, pour continuer à avoir du bon miel sur les tartines.

– Et aussi pour polliniser les fleurs des arbres fruitiers. Et bien d'autres choses encore des plus subtiles…Tout est lié dans le monde du vivant.

– Oui je sais grand-père, et ça fait peur de voir la nature pillée et polluée.

– C'est pourquoi il faut soi-même devenir une bougie !

– Quelle drôle d'idée.

– Une bougie bien droite et qui éclaire après avoir trempé et retrempé dans la chaleur de la marmite, dans la marmite de la vie à la chaleur du cœur. Autrefois ma grand-mère, sans rien me dire, m'avait appris l'essentiel. Elle parlait avec les mains, avec le sourire, avec des étincelles dans les yeux. C'était un jeu et aussi une école.

– Qu'as-tu donc appris de si important à l'école de ta grand-mère ?

– Comme je te le disais tout juste, j'ai appris à jardiner la lumière.

– Jardiner dans une marmite !

– Oui c'est bien ça, oser plonger dans la marmite où palpite la cire de la vie pour devenir une bougie.

– (silence étonné)

– Oui. toute la vie, et surtout dans les moments sombres, il nous faut apprendre à plonger plus ou moins tordu dans la marmite et à remonter bien droit et bien trempé; c'est ainsi qu'on apprend à jardiner la lumière. Même et surtout au cœur de l'hiver.

– Tu me dis ça parce que c'est bientôt Noël. Et qu'on va allumer des bougies sur le sapin ?

– Mon garçon, je vois que tu commences à comprendre.

– Oui c'est beau ! mais quand la bougie s'éteint.

– C'est possible. Mais la bougie, avant de s'éteindre, peut se pencher vers une autre, qui s'allume et répand à son tour chaleur et lumière. L'une se meurt pour donner vie à l'autre. *La fin est un commencement.*

– Une sorte de ronde ?

– C'est bien çà : les bougies de Noël font la ronde. Elles lancent aussi la ronde des saisons. Elles éclairent toute l'année. Par l'intérieur. Ce sont des flammes en fleur que butinent d'invisibles abeilles.

Des années plus tard l'enfant devenu jeune homme vint allumer le soir de Noël une bougie en cire d'abeille sur la tombe du grand-père.

Et le grand-père lui murmurait : « Fais comme les abeilles, n'oublie pas de jardiner la lumière ».

Index

À chacun sa façon 17
À cœur-ouvert 75
À contretemps 156
Abeille 60
Abîme 27
Aller-retour 157
Alouette 68
Après l'ondée 61
Arbre 57
Argent 204
Attente 158
Au cœur des choses 80
Au jardin de Marie 41
Aube 47
Automne 37
Avent 39
Bateau de papier 151
Bien et mal 195
Biographie 178
Blessure 50
Bohémienne 54
Boîte aux lettres 92
Bonheur 198
Bonheur 47
Cascade 43
Cendre et flamme 187
Cerf-volant 30
Changement de costume 61
Changement immuable 36
Chanson de l'étang 30
Chanson de la lumière 83
Château de plume 66
Chatte 188
Chercheur d'or 176
Chien et chatte 189
Chien 187

235

Christianisme 220
Chute libre..164
Ciel intérieur 23
Code..214
Cœur transparent..43
Conte..177
Contradiction ou complémentarité ? 180
Contraste 11
Corolle 46
Critique 197
Dans le train..13
Descente..55
Destin..44
Dialogue auprès d'un arbre 223
Dilemme..21
Dis, tu te rappelles ?...33
Ébène 55
Écriture..7
Enfance 184
Énigme 52
Entre-deux...15
Errance 31
Eté-Hiver...38
Éternel/éphémère 192
Étoile filante 54
Évidence mystérieuse......................................28
Feuille morte 11
Flamme 51
Folie 207
Fontaine 39
Guerre..206
Haïku...56
Histoire..210
Images 183
Impression du soir...65
Impuissance 197
Indigo..48
Infini 54
Inquiétude 181
Intellect 175

236

Joie	212
Jumeaux	172
L'aigle	49
L'amitié	182
L'amour	182
L'arbre de mots	91
L'arbre dernier	163
L'arbre foudroyé	46
L'éphémère	49
L'éphémère	87
L'idée	173
L'oiseau transparent	45
L'onde coule infiniment	9
La chenille	84
La corde	17
La danse des souvenirs	32
La fleur la plus belle	57
La jeune morte et son poème	34
La légende de la vieille ville	166
La licorne et le lion	70
La marche des roses	72
La naissance de la rose	76
La révolution des papillons	85
La ronde des éléments	162
La rose du désert	74
La rose et le papillon	229
Laideur & Beauté	208
Larme	211
Larme	46
Le baiser de la rose	73
Le chant du monde	59
Le chevalier à la rose	80
Le colibri	160
Le conte bleu d'orange	107
Le conte d'autrefois	97
Le conte de l'aigle et du hérisson	120
Le conte de l'enfant-poisson et de la rivière	101
Le conte de la couronne	124
Le conte de la peine obscure et de l'épée de lumière	99

Le conte du corbillard 112
Le conte du miroir..109
Le conte du robot 132
Le conte du Titanic et du bateau-journal............117
Le dit de la rose...72
Le jeu de la marelle...154
Le nénuphar 26
Le nouvel Ulysse...69
Le passeur 152
Le peintre 48
Le piou-piou...63
Le potier de l'air..22
Le ruisseau 64
Le saut..84
Le Secret 24
Le spectacle..48
Le tourbillon 51
Le trépas de la rose 77
Le vieillard...155
Le vieux chien fidèle...44
Les bougies 230
Les mots...90
Les pas 154
Liberté..205
Lumière d'ombre 19
Lumière du Nom..52
Main...213
Maladie 194
Masque...203
Masque...50
Merci..217
Midi-minuit..53
Mort 186
Mouton...183
Mystère 216
Naissance des couleurs 66
Noces 59
Noël..40
Noir Blanc Rouge 62
Œil de pierre...45

238

Or	204
Original	184
Papillon-neige	88
Papillons jour-et-nuit	88
Parole silencieuse	53
Parole	93
Partage	172
Passage	67
Passereau	64
Patience	165
Patience	49
Pégase	25
Pèlerinage	156
Pétale de feu	82
Petite philosophie amusée de l'imaginaire	222
Petits bouts	87
Peur	200
Philosophie	214
Pierrot	86
Plante et papillon	89
Pluie	55
Poésie	176
Présence	56
Présent	191
Presque rien	47
Prière	41
Printemps	36
Prunelle	27
Question	91
Randonnée	68
Reflet	60
Religion et ses pièges	219
Rencontre	14
Ren-contre	213
Résilience	29
Rivière	228
Rose d'épine	80
Rose-Cœur	78
Rose-Croix	79
Rosée de mots	170

Roses de l'âme	81
Rouge Blanc Noir	62
Sans rime ni raison	175
Science	178
Se perdre	71
Sécurité	199
Silence	171
Silence	94
Soleil	10
Solitude	12
Sur l'eau	50
Temporalité	183
Terre	193
Tobias, l'ange et le chien	137
Tout au fond	51
Traces	20
Trahison	49
Trois fleurs	82
Troubadour	16
Un « dit de vérité » de Rudolf Steiner	95
Un conseil	175
Une bougie	25
Une pensée	18
Une petite fleur	161
Vaccin	201
Vérité	215
Vide	26
Vieillard	185
Violence	215
Vœu insensé	12
Vol de nuit	89